U0948495

首都经济贸易大学·法学前沿文库

民法的价值观

郑文科　著

Values of Civil Law

中国政法大学出版社
2023·北京

图书在版编目（CIP）数据

民法的价值观/郑文科著. —北京:中国政法大学出版社,2023. 1
ISBN 978-7-5764-0787-7

Ⅰ. ①民…　Ⅱ. ①郑…　Ⅲ. ①民法—研究—中国　Ⅳ. ①D923. 04

中国版本图书馆CIP数据核字(2022)第257908号

出版者　中国政法大学出版社
地　址　北京市海淀区西土城路 25 号
邮寄地址　北京 100088 信箱 8034 分箱　邮编 100088
网　址　http://www.cuplpress.com (网络实名：中国政法大学出版社)
电　话　010-58908441(编辑部) 58908334(邮购部)
承　印　北京九州迅驰传媒文化有限公司
开　本　880mm×1230mm　1/32
印　张　7
字　数　160 千字
版　次　2023 年 1 月第 1 版
印　次　2023 年 1 月第 1 次印刷
定　价　29.00 元

首都经济贸易大学·法学前沿文库

Capital University of Economics and Business Library, Frontier

总　序

首都经济贸易大学法学学科始建于1983年。1993年开始招收经济法专业硕士研究生。2006年开始招收民商法专业硕士研究生。2011年获得法学一级学科硕士学位授予权，目前在经济法、民商法、法学理论、国际法、宪法与行政法等二级学科招收硕士研究生。2013年设立交叉学科法律经济学博士点，开始招收法律经济学专业的博士研究生，同时招聘法律经济学、法律社会学等方向的博士后研究人员。经过30年的建设，首都经济贸易大学几代法律人的薪火相传，现已经形成了相对完整的人才培养体系。

为了进一步推进首都经济贸易大学法学学科的建设，首都经济贸易大学法学院在中国政法大学出版社的支持下，组织了这套“法学前沿文库”，我们希望以文库的方式，每年推出几本书，持续地、集中地展示首都经济贸易大学法学团队的研究成果。

既然这套文库取名为“法学前沿”，那么，何为“法学前沿”？在一些法学刊物上，常常可以看到“理论前沿”之类的栏目；在一些法学院校的研究生培养方案中，一般都会包含一门叫作“前沿讲座”的课程。这样的学术现象，表达了法学界的一个共同旨趣，那就是对“法学前沿”的期待。正是在这样的期待中，我们可以发现值得探讨的问题：所以法学界一直都在苦苦期盼的“法学前沿”，到底长着一张什么样的脸孔？

首先，“法学前沿”的实质要件，是对人类文明秩序做出了新的揭示，使人看到文明秩序中尚不为人所知的奥秘。法学不同于文史哲等人文学科的地方就在于：宽泛意义上的法律乃是规矩，有规矩才有方圆，有法律才有井然有序的人类文明社会。如果不能对千差万别、纷繁复杂的人类活动进行分门别类的归类整理，人类创制的法律就难以妥帖地满足有序生活的需要。从这个意义上说，法学研究的实质就在于探寻人类文明秩序。虽然，在任何国家、任何时代，都有一些法律承担着规范人类秩序的功能，但是，已有的法律不可能时时处处回应人类对于秩序的需要。“你不能两次踏进同一条河流”，这句话告诉我们，由于人类生活的流动性、变化性，人类生活秩序总是处于不断变换的过程中，这就需要通过法学家的观察与研究，不断地揭示新的秩序形态，并提炼出这些秩序形态背后的规则——这既是人类生活和谐有序的根本保障，也是法律发展的重要支撑。因此，所谓“法学前沿”，乃是对人类生活中不断涌现的新秩序加以揭示、反映、提炼的产物。

其次，为了揭示新的人类文明秩序，就需要引入新的观察视角、新的研究方法、新的分析技术。这几个方面的“新”，可以概括为“新范式”。一种新的法学研究范式，可以视为“法学前沿”的形式要件。它的意义在于，由于找到了新的研究范式，人们可以洞察到以前被忽略了的侧面、维度，它为人们认识秩序、认识法律提供了新的通道或路径。依靠新的研究范式，甚至还可能转换人们关于法律的思维方式，并由此看到一个全新的秩序世界与法律世界。可见，法学新范式虽然不能对人类秩序给予直接的反映，但它是发现新秩序的催生剂、助产士。

再其次，一种法学理论，如果在既有的理论边界上拓展了新的研究空间，也可以称之为法学前沿。在英文中，前沿(frontier) 也有边界的意义。从这个意义上说，“法学前沿”意味着在已有的法学疆域之外，向着未知的世界又走出了一步。在法学史上，这种突破边界的理论活动，常常可以扩张法学研究的范围。譬如，以人的性别为基础展开的法学研究，凸显了男女两性之间的冲突与合作关系，就拓展了法学研究的空间，造就了西方的女性主义法学；以人的种族属性、种族差异为基础而展开的种族批判法学，也为法学研究开拓了新的领地。在当代中国，要拓展法学研究的空间，也存在着多种可能性。

最后，西方法学文献的汉译、本国新近法律现象的评论、新材料及新论证的运用……诸如此类的学术劳作，倘若确实有助于揭示人类生活的新秩序、有助于创造新的研究范式、有助于拓展新的法学空间，也可宽泛地归属于法学理论的前沿。

以上几个方面，既是对“法学前沿”的讨论，也表明了本套文库的选稿标准。希望选入文库的每一部作品，都在法学知识的前沿地带做出新的开拓，哪怕是一小步。

喻　中

2013 年 6 月于首都经济贸易大学法学院

目　录

CONTENTS

第一章

《民法典》[1]与社会主义核心价值观

一、弘扬社会主义核心价值观是《民法典》的基本宗旨之一

核心价值观是一个国家、一个民族的共同价值追求，是一个国家、一个民族不断向前发展的精神动力，也是一国法治建设的道德基础，特别是在我们坚持“依法治国和以德治国相结合”的治国方略下更具有实践意义。离开了道德为基础的法治是无情的，离开了法治为基础的道德必将是无力的，这二者绝对分离的现象在中华民族的发展历史中从未出现过。

2012 年 11 月，党的十八大报告提出，要“倡导富强、民主、文明、和谐，倡导自由、平等、公正、法治，倡导爱国、敬业、诚信、友善，积极培育和践行社会主义核心价值观”，分别从国家、社会和个人三个层面高度概括和凝练出社会主义核心价值观的基本内容。社会主义核心价值观是中国共产党领导人民开创和发展中国特色社会主义事业进程中形成的重大理论成果，是中华民族共同的精神财富。核心价值观本身是属于意识形态范畴，属于道德层面，不具有规范效力和强制约束力，欲将其转化成人们的行为准则，必须以法律的形式将其规

〔1〕 全称为《中华人民共和国民法典》，下同。

范化才具有实践性。积极培育和践行社会主义核心价值观，对于在全社会形成广泛的价值认同、文化认同，对于促进人的全面发展、引领社会全面进步，对于实现中华民族伟大复兴的中国梦，具有重要的现实意义和深远的历史意义。

2013 年 12 月，中共中央办公厅印发《关于培育和践行社会主义核心价值观的意见》；2016 年 12 月，中共中央办公厅、国务院办公厅印发《关于进一步把社会主义核心价值观融入法治建设的指导意见》；2017 年 10 月，习近平总书记在党的十九大报告中指出，要培育和践行社会主义核心价值观，要把社会主义核心价值观融入社会发展各方面，转化为人们的情感认同和行为习惯；2018 年 3 月，第十三届全国人大第一次会议通过了《中华人民共和国宪法修正案》，将“国家提倡爱祖国、爱人民、爱劳动、爱科学、爱社会主义的公德”修改为“国家倡导社会主义核心价值观，提倡爱祖国、爱人民、爱劳动、爱科学、爱社会主义的公德”。从此，社会主义核心价值观的重要地位在《中华人民共和国宪法》（以下简称《宪法》）中得以确立，也成为人们日常生活中的重要指引和需要遵循的法律条文。同时，这也是社会主义核心价值观融入其他部门法律的根本法源。

2018 年 5 月，中共中央印发《社会主义核心价值观融入法治建设立法修法规划》。2019 年 10 月，党的十九届四中全会通过的《中共中央关于坚持和完善中国特色社会主义制度 推进国家治理体系和治理能力现代化若干重大问题的决定》提出：“坚持依法治国和以德治国相结合，完善弘扬社会主义核心价值观的法律政策体系，把社会主义核心价值观要求融入法治建设和社会治理”。完善弘扬社会主义核心价值观的法律政策体系，是指通过在法律政策中不断融入社会主义核心价值观的内容与精神，使现行有效的法律政策构成一个逻辑严密、体系完善，最终形成具有弘扬中国特色社会主义核心价值观的法律政策体系。鉴于宪法和中央重要文件中的相关要求，在2020年5月，第十三届全国人大第三次会议通过的《民法典》第1条即明确规定："为了保护民事主体的合法权益，调整民事关系，维护社会和经济秩序，适应中国特色社会主义发展要求，弘扬社会主义核心价值观，根据宪法，制定本法。"《民法典》将弘扬社会主义核心价值观作为其重要的立法宗旨之一，既是推进社会主义核心价值观入法、完善弘扬社会主义核心价值观的法律政策体系的重要举措，又是确保社会主义核心价值观在社会生活中得以实践的重要保障，具有极强的示范价值、鲜明的引领作用。

为什么将弘扬社会主义核心价值观作为《民法典》重要的宗旨之一呢？因为法律是道德的底线，是成文的道德，道德是内心的法律，是不成文的法律。社会主义核心价值观塑造了《民法典》的精神灵魂，《民法典》是社会主义核心价值观的集大成者。例如，《民法典》通过规定诚信、平等、守法与公序良俗等原则，法律行为、民事责任等制度，发挥民法对民事活动、公共秩序、民事权利行使等的规范、引领、保护作用，对于强化规则意识、引领社会风尚、维护公共秩序具有重大意义。《民法典》所倡导的促进人与自然和谐发展、构建严格的生态文明法律制度，所规定的人格权保护、英雄烈士保护等制度，对将社会主义核心价值观贯穿于社会生活各方面具有重要意义。我国将弘扬社会主义核心价值观写入《民法典》，凸显了中华民族优秀文化、传统美德，具有鲜明的中国特色和时代特色。

（一）《民法典》弘扬社会主义核心价值观是宪法实施的要求

社会主义核心价值观是宪法中的重要内容。我国《宪法》第24条规定：“国家通过普及理想教育、道德教育、文化教育、纪律和法制教育，通过在城乡不同范围的群众中制定和执行各种守则、公约，加强社会主义精神文明的建设。国家倡导社会主义核心价值观，提倡爱祖国、爱人民、爱劳动、爱科学、爱社会主义的公德，在人民中进行爱国主义、集体主义和国际主义、共产主义的教育，进行辩证唯物主义和历史唯物主义的教育，反对资本主义的、封建主义的和其他的腐朽思想。”宪法是一个国家的根本大法，具有最高的法律效力，是其他法律制定的基础，其他任何法律制度的内容均不能与宪法的内容相冲突。我国《宪法》在序言中明确规定：“本宪法以法律的形式确认了中国各族人民奋斗的成果，规定了国家的根本制度和根本任务，是国家的根本法，具有最高的法律效力。”第5条第3款规定：“一切法律、行政法规和地方性法规都不得同宪法相抵触。”但是基于宪法自身的特点，其中的条文多数为不完全法律条文，即不包含行为的后果，仅具有宣示性，故其通常不能成为司法裁判的直接依据。对于宪法中的宣示性要求，只有通过其他法律规范，以完全法律条文的形式进行规范，才能使宪法的要求得以实践。如在宪法中明确保护个人的人身权利，但是该如何保护呢？在宪法中是没有答案的。而在《民法典》中通过明确人身权利的类型、义务人的行为模式、违反义务后的法律后果等具体的规则实现对人身权利的保护。《宪法》中虽然规定了“国家倡导社会主义核心价值观”，但该倡导并不是如一般的社会生活中对某种事项的提倡那样完全由社会主体自觉实践，否则就有损于宪法的权威和尊严。《宪法》中的倡导性内容在社会生活中也必须得以实现，这是宪法作为根本大法的基本要求。因此，在《民法典》中将“弘扬社会主义核心价值观”作为其立法宗旨之一，就是对《宪法》中相关要求的落实，是确保《宪法》实施的重要举措之一。

（二）《民法典》与社会主义核心价值观具有共同的价值追求

《民法典》是中华民族五千年来优秀文化和传统美德的集中体现，是民族精神的集中体现，而社会主义核心价值观凝聚了中华民族五千年的价值观精华，二者具有高度的可融合性。中华民族五千年的文明发展历史，形成了自己独特的民族文化，培育了自己独特的民族精神，从爱国、爱家、忠孝、和睦、善良、见义勇为、舍生取义、诚实守信到坚持不懈、严以修身、宽以待人、自强自立、尊老爱幼、勤俭节约等，其内容博大精深，涵盖国家、社会、家庭和个人生活等方方面面。社会主义核心价值观是中华民族精神中最具时代特色、最具生命力和发展力的部分，是中华民族历经千难险阻仍能勇往直前的强大精神动力，坚持并实践社会主义核心价值观对实现中华民族的伟大复兴具有思想上的支撑作用。而在《民法典》中，体现社会主义核心价值观的内容比比皆是，如第 4 条“民事主体在民事活动中的法律地位一律平等”是平等价值观的体现，第 6 条“民事主体从事民事活动，应当遵循公平原则，合理确定各方的权利和义务”是公平价值观的体现，第 7 条“民事主体从事民事活动，应当遵循诚信原则，秉持诚实，恪守承诺”是诚信价值观的体现，等等。

（三）《民法典》最有利于促进社会主义核心价值观的践行

民法是调整平等主体的自然人、法人和非法人组织之间的人身关系和财产关系的法律规范的总称，平等主体之间的人身关系和财产关系是民法的调整对象。从自然人的角度而言，《民法典》的调整对象涉及个人活动、家庭生活和社会生活，具有普遍实施的空间，《民法典》就是关于社会大众生活的基本规则，因此我们说《民法典》是社会生活的百科全书。例如：《民法典》要求“民事主体在民事活动中的法律地位一律平等；民事主体从事民事活动，应当遵循自愿原则，按照自己的意思设立、变更、终止民事法律关系；民事主体从事民事活动，应当遵循公平原则，合理确定各方的权利和义务；民事主体从事民事活动，应当遵循诚信原则，秉持诚实，恪守承诺；民事主体从事民事活动，不得违反法律，不得违背公序良俗。”〔1〕对于家庭，《民法典》要求“家庭应当树立优良家风，弘扬家庭美德，重视家庭文明建设。夫妻应当互相忠实，互相尊重，互相关爱；家庭成员应当敬老爱幼，互相帮助，维护平等、和睦、文明的婚姻家庭关系。”这种对一般民事活动、个人生活、家庭生活的规范在《民法典》中比比皆是。由此可见，《民法典》实施的过程，也就是社会主义核心价值观实践的过程。

民法虽然是私法，但它并未放弃对国家利益和社会公共利益的保护，如《民法典》第185条规定：“侵害英雄烈士等的

〔1〕《民法典》第4—8条。

姓名、肖像、名誉、荣誉，损害社会公共利益的，应当承担民事责任。”对于有益于提升社会公共利益的行为，《民法典》也是给予充分的鼓励的，如第 184 条规定：“因自愿实施紧急救助行为造成受助人损害的，救助人不承担民事责任。”通过该规定，消除了行为人因帮助他人引起自身风险而需要承担民事责任的后顾之忧，鼓励自然人在他人需要帮助的时候勇于挺身而出，救助他人，弘扬社会正气，在社会中起到引领作用，这也是对社会主义核心价值观的弘扬。

（四）《民法典》与社会主义核心价值观育人目的具有一致性

民法是育人的法律，社会主义核心价值观也是育人的道德准则，二者在目的上具有高度一致性。民法的调整对象是社会关系，这些社会关系是不同主体之间的社会关系，离开了主体，社会关系无从产生。所以民法仍然是规范人的行为的法律，人仍然是民法中的核心；社会主义核心价值观也是对人的要求，既是反映在国家层面的核心价值观，也是不同个体的共同价值观的体现。民法中的主体是一般主体，从自然人主体来看，他们在民法中的地位平等。民法育人，是教人做一个普通人，民法中的自然人主体是普通主体，而非道德君子。《民法典》中的规范准则是对人的最低要求，而不是以君子之道对人的要求。社会主义核心价值观是对普通人做人的道德基本要求，是要求一般的人应当践行的基本价值准则，而不是对少数品格高尚的人的要求。

第一，民法的育人功能，表现在让人做一个自由的人。

人格平等是自由的基础。只有在人格上是平等的、不依附于他人，才有可能是自由的人，而民法中的人格就是民事权利能力，是民事主体享有民事权利、承担民事义务的资格。因此，民法要实现让人做一个自由人的价值追求，必须确定民事主体人格上的平等性，即《民法典》第 14 条规定："自然人的民事权利能力一律平等。"我国《宪法》第 33 条第 2 款规定："中华人民共和国公民在法律面前一律平等。"《民法典》第 4 条规定："民事主体在民事活动中的法律地位一律平等。"《民法典》中的"一律平等"可以说是《宪法》中"一律平等"在民法中的反映，并且是将"一律平等"作为一项基本原则确立下来。"一律"一词具有绝对性，是无条件的，是指任何人的法律地位都建立在法定平等基础之上，不允许有任何人只享受权利不承担义务或只承担义务不享受权利，也不允许任何人有超越法律之上的特权，在民事领域尤其如此。在民事活动中，民事主体不论性别、民族、宗教信仰、职务、职位、教育程度、财产状况等，均一律平等。对于自然人而言，此平等性从何时开始、何时结束呢？《民法典》第 13 条规定："自然人从出生时起到死亡时止，具有民事权利能力，依法享有民事权利，承担民事义务。"由此可见，自然人之间人格平等是终其一生的。

从无民事行为能力、限制民事行为能力到完全民事行为能力的过程是从不自由走向自由的过程。真正的自由并不是简单的不受拘束的状态，而是在完全理性支配下不受拘束的状态。没有完全理性就不会有真正的自由。《民法典》第 20 条规定："不满八周岁的未成年人为无民事行为能力人，由其法定代理人代理实施民事法律行为。"无民事行为能力人缺乏理性，即使是在不受拘束的状态下，也难谓其在享受自由，正是因为其缺乏理性，故由其法定代理人实施民事法律行为。《民法典》第 19 条规定："八周岁以上的未成年人为限制民事行为能力人，实施民事法律行为由其法定代理人代理或者经其法定代理人同意、追认；但是，可以独立实施纯获利益的民事法律行为或者与其年龄、智力相适应的民事法律行为。”自然人随着其年龄的增长，知识和社会经验不断增加，逐渐形成理性思维，可以独立实施纯获利益的民事法律行为或者与其年龄、智力相适应的民事法律行为。但是其理性并不完整，故超出其理性范围的民事法律行为由其法定代理人代理或者经其法定代理人同意、追认。完全民事行为能力的自然人等同于完全理性之人，可以享受真正的自由，故《民法典》第 18 条第 1 款规定："成年人为完全民事行为能力人，可以独立实施民事法律行为。”第 2 款规定：“十六周岁以上的未成年人，以自己的劳动收入为主要生活来源的，视为完全民事行为能力人。”这也说明了 16 周岁以上具有独立经济来源的未成年人具备完整的理性，在法律上视为完全民事行为能力人，可以享有完全的自由。

“约定”是实现自由的重要方式。约定是民事主体基于自由意志与他人之间设立、变更、终止民事权利义务关系的法律事实，是民事法律行为的一种形式，是民事法律关系建立的重要原因。民法具有任意性特点，就是指民事法律规范的适用一般不具有强制性，是对当事人意思自由的补充。只有在当事人没有约定时才会涉及法律规定的直接适用。笔者经过检索发现，《民法典》中“约定”一词共出现了 512 次，所涉及的范围，从民事法律行为的生效（第 136 条，民事法律行为自成立时生效，但是法律另有规定或者当事人另有约定的除外）到民事责任的承担（第 176 条，民事主体依照法律规定或者按照当事人约定，履行民事义务，承担民事责任），从物权的变动

（第 228 条，动产物权转让时，当事人又约定由出让人继续占有该动产的，物权自该约定生效时发生效力）到共有物的分割（第 303 条，共有人约定不得分割共有的不动产或者动产，以维持共有关系的，应当按照约定，但是共有人有重大理由需要分割的，可以请求分割），从合同的成立（第 483 条，承诺生效时合同成立，但是法律另有规定或者当事人另有约定的除外）到合同的解除（第 562 条，当事人协商一致，可以解除合同。当事人可以约定一方解除合同的事由。解除合同的事由发生时，解除权人可以解除合同），从夫妻之间的财产关系（第 1065 条，男女双方可以约定婚姻关系存续期间所得的财产以及婚前财产归各自所有、共同所有或者部分各自所有、部分共同所有。夫妻对婚姻关系存续期间所得的财产以及婚前财产的约定，对双方具有法律约束力）到夫妻之间的人身关系（第 1076 条，夫妻双方自愿离婚的，应当签订书面离婚协议，并亲自到婚姻登记机关申请离婚登记。离婚协议应当载明双方自愿离婚的意思表示和对子女抚养、财产以及债务处理等事项协商一致的意见），等等。

第二，民法的育人功能，表现在让人做一个有最低道德水平的普通人。

民法中的自然人是指普通人。在所有的民事法律制度中，不会因人的身份、地位、智商、学历、财富等差异作出任何专门性的规定。民法中的规范是适用于一般社会大众的，这就是民法平等性的要求。对一般的社会大众，民法的要求是什么呢？就是要求其具有最低道德水平，维护自己的权利、尊重他人的权利、信守承诺、尊重社会公德。

在《民法典》所确立的基本原则中，第 6 条规定：“民事主体从事民事活动，应当遵循公平原则，合理确定各方的权利和义务。”第7条规定：“民事主体从事民事活动，应当遵循诚信原则，秉持诚实，恪守承诺。”第8条规定：“民事主体从事民事活动，不得违反法律，不得违背公序良俗。”第9条规定：“民事主体从事民事活动，应当有利于节约资源、保护生态环境。”这些规定要求我们作为社会人要坚持公平、坚守诚实信用、尊重社会公德和坚持节俭，是对人的最低道德要求。

再如，父母对未成年子女进行抚养、教育和保护就是对其最低的道德要求，成年子女对父母进行赡养、扶助和保护也是其最低的道德义务，故《民法典》第26条规定：“父母对未成年子女负有抚养、教育和保护的义务。成年子女对父母负有赡养、扶助和保护的义务。”拾金不昧是中华民族的传统美德，也是做人的最低道德要求，故《民法典》第314条规定：“拾得遗失物，应当返还权利人。拾得人应当及时通知权利人领取，或者送交公安等有关部门。”“不取不义之财”也是中华民族的传统美德，是一项最低的道德要求，故在《民法典》第985条规定：“得利人没有法律根据取得不当利益的，受损失的人可以请求得利人返还取得的利益……”诸如此类的规定，从《民法典》总则编到物权编、合同编、人格权编、婚姻家庭编等均有充分的体现。

《民法典》要求人做一个具有最低道德水平的人，除在总则部分以基本原则的形式提出了诸多要求外，在其他分编中均是通过完全法律条文的形式，明确了其权利义务以及违反义务的法律后果，从而将最低道德要求上升为法律中的义务，这也正体现了法律是道德底线的判断标准。

第三，民法的育人功能，表现在让人做一个自立自强、勤劳致富的人。

完全民事行为能力的规定就是对人勤劳致富的肯定。《民法典》第 18 条第 2 款规定：“十六周岁以上的未成年人，以自己的劳动收入为主要生活来源的，视为完全民事行为能力人。”本来属于限制民事行为能力人，在具备一定理性后，如果能以自己的劳动创造财富作为自己主要生活来源，就可以获得完全的自由，具有独立进行民事活动的资格，这是对自立自强、勤劳致富的自然人的肯定。自然人在年满 18 周岁后成为成年人，具有完全民事行为能力，其与父母之间的监护关系即终止，也是让其独立生活，通过自己勤劳致富，做一个自立自强的人。

社会主义核心价值观，不管是国家层面，还是社会层面、个人层面，都离不开个人的实践。以国家层面而言，“富强、民主、文明、和谐”的价值观，其中国家的富强离不开个体的勤劳致富；国家的民主离不开个人的积极参与；国家的文明离不开个人的文明；国家的和谐离不开个人的和谐。社会层面，“自由、平等、公正、法治”的价值观更是离不开个人的实践。个人层面，“爱国、敬业、诚信、友善”的价值观是对个人的要求，需要每一个人去践行。

综上，从育人的角度看，《民法典》就是要求自然人是具有社会主义核心价值观的人，而社会主义核心价值观对人的要求是最低的道德要求，也是《民法典》中对人的要求，二者具有高度的一致性。可以说《民法典》在社会生活中的实施过程，也就是社会主义核心价值观在社会中实践的过程。因此，弘扬社会主义核心价值观是《民法典》的根本宗旨之一，《民法典》也是最适宜弘扬社会主义核心价值观的法律制度。

二、《民法典》弘扬社会主义核心价值观的路径

(一)《民法典》确立的基本原则反映了社会主义核心价值观

《民法典》确立的基本原则是民法基本价值观的体现，它反映了《民法典》对待自然人、社会和环境的基本态度和对三者之间相互关系的看法。民法对待自然人、社会和环境的基本态度和对三者之间相互关系的看法，实际上就是立法者的看法。我国的基本民事法律制度是社会主义的法律制度，是社会主义国家的人民代表表决通过的，反映的就是社会主义的核心价值观。在民法基本价值观指导下建立的民法基本原则，贯穿于民法全部，是制定、解释、适用和研究民法的出发点，也是高度抽象的、最一般的民事行为规范和价值判断标准。民法基本原则也是发展的，它随着社会价值观的发展而不断发展。如随着社会主义核心价值观强调人与自然的和谐相处以及人对待自然的友善，我国《民法典》中因时就势地增加了保护自然环境节约资源的“绿色原则”。我国《民法典》中有以下七项基本原则：

1. 民事权益受法律保护原则

《民法典》第3条规定：“民事主体的人身权利、财产权利以及其他合法权益受法律保护，任何组织或者个人不得侵犯。”民事权益受法律保护，是指一切民事主体的合法民事权益，包括人身权利、财产权利以及其他合法权益，均受法律保护，任何组织或者个人不得侵犯，若受到损害，民事主体有权以自己的名义主张权利或者请求人民法院保护民事权益，包括民事权利和民事利益。民事权利是指类型化的民事利益，如生

命权、健康权、所有权等；民事利益是指能为民事主体带来好处，但是在法律上没有类型化为某种具体权利的利益，如安宁的生活、对去世亲人的祭奠等。民事权利除传统的生命权、健康权、所有权、债权等外，也包括随着时代发展而产生的新型民事权利，如数据、网络虚拟财产权等。民事主体的民事权利和其他合法权益都受法律保护，并不仅仅是受民法的保护，宪法、刑法、行政法等法律都给予保护，任何组织和个人不得侵犯。

2. 民事主体法律地位平等原则

《民法典》第 4 条规定："民事主体在民事活动中的法律地位一律平等。""法律地位"是指民事主体享受权利与承担义务的资格，反映民事主体按照法律规定享有权利与承担义务的实际资格。我国民法的平等原则的具体内容包括：其一，自然人的人格平等，即自然人的民事权利能力一律平等。《民法典》第 14 条规定："自然人的民事权利能力一律平等。"这就是说任何自然人都平等地享有民事权利能力，而不论其在民族、性别、年龄、宗教信仰以及文化程度等方面是否存在差异。除法律有特别规定外，任何组织和个人都不得限制和剥夺自然人的民事权利能力。其二，不同的民事主体参与民事关系，适用同一法律，具有平等的地位。当然，法律地位平等，不是指民事主体实际享受的权利和承担的义务的均等。其三，民事主体在进行民事活动时必须平等协商，任何一方当事人都不得将自己的意志强加给另一方当事人。其四，民事权利平等受法律保护，任何人因他人的行为使自己的权利遭受损害，都有权要求他人依民法的规定承担责任。民事主体受平等保护主要体现在两方面：一是民事责任的统一。即民事权利受到侵害后，权利人享有平等的保护方法和责任救济方式。二是民事主体救济程序平等。当事人的诉讼法律地位完全平等，实体权利的享有者与实体义务的承担者诉讼地位平等。

3. 自愿原则

《民法典》第5条规定："民事主体从事民事活动，应当遵循自愿原则，按照自己的意思设立、变更、终止民事法律关系。"自愿原则也称为意思自治原则、私法自治原则，是指民事主体根据自己的意思设立、变更或者终止民事法律关系。自愿是指民事主体在从事民事活动时，应当充分表达其真实意志，根据自己的意愿设立、变更和终止民事法律关系。自愿原则要求民事主体在民事活动中充分表达其真实意志，民事主体在从事民事活动中应具有一定的意志自由。自愿原则的具体含义包括：一是民事主体自愿从事民事活动。民事主体进行或者不进行某一民事活动，由自己根据自身意志和利益自主决定，没有法律依据，其他主体不得干预，更不能强迫。二是民事主体自主决定民事法律关系的内容。民事主体根据自己的利益和需要，决定与其他主体建立民事法律关系，并决定具体的权利、义务内容。三是民事主体自主决定民事法律关系的变动。民事法律关系的变更、终止，民事权利的放弃，应由民事主体自己自主决定。四是民事主体在行使权利的同时自觉履行约定或法定的义务，并承担相应的法律后果。只有在民事主体违反法律规定、合同约定又拒不承担法律责任时，国家司法机关才依法强制介入。[1]当然，当事人的自愿并不是绝对的，而是相对的、有限制的自由，当事人根据自己的意志从事某种活

---

〔1〕 李适时主编：《中华人民共和国民法总则释义》，法律出版社2017年版，第19—20页。

动，不得违背法律的规定，不得损害国家利益和社会公共利益。例如，《民法典》第494条规定："国家根据抢险救灾、疫情防控或者其他需要下达国家订货任务、指令性任务的，有关民事主体之间应当依照有关法律、行政法规规定的权利和义务订立合同。依照法律、行政法规的规定负有发出要约义务的当事人，应当及时发出合理的要约。依照法律、行政法规的规定负有作出承诺义务的当事人，不得拒绝对方合理的订立合同要求。"

4. 公平原则

《民法典》第6条规定："民事主体从事民事活动，应当遵循公平原则，合理确定各方的权利和义务。"民法中的公平原则是指民事主体从事民事活动时应当公正、持平、合理确定相互之间的权利和义务。其一，民法规范在规定民事主体权利、义务与责任承担时，应体现公平原则，兼顾各方利益，为合理分配当事人权利义务提供价值指引。其二，民事主体应当本着公平的观念进行民事活动，正当行使民事权利和履行民事义务，兼顾他人利益和社会公共利益。其三，民事行为的结果不能显失公平，如果显失公平，就应当以公平为尺度，协调处理当事人之间的利益关系。[1]公平观念是社会道德的观念、正义的观念，也是从事公正交易和公平竞争的准则。例如，《民法典》第496条第2款规定："采用格式条款订立合同的，提供格式条款的一方应当遵循公平原则确定当事人之间的权利和义务，并采取合理的方式提示对方注意免除或者减轻其责任等与对方有重大利害关系的条款，按照对方的要求，对该条款

〔1〕 最高人民法院民法典贯彻实施工作领导小组主编：《中华人民共和国民法典总则编理解与适用》（上），人民法院出版社2020年版，第60页。

予以说明……”公平原则不仅仅是民事主体从事民事活动时应当遵守的准则，也是司法裁判的基本准则，如《民法典》第151条规定：“一方利用对方处于危困状态、缺乏判断能力等情形，致使民事法律行为成立时显失公平的，受损害方有权请求人民法院或者仲裁机构予以撤销。”

5. 诚实信用原则

《民法典》第7条规定：“民事主体从事民事活动，应当遵循诚信原则，秉持诚实，恪守承诺。”诚实信用原则要求民事主体在从事民事活动时应该诚实、守信用，正当行使权利和履行义务。其内容具体包括：当事人在进行民事活动时应当诚实不欺、恪守诺言、讲究信用；当事人应依善意的方式行使权利，在获得利益的同时应充分尊重他人的利益和社会利益，不得滥用权力、加害他人；当事人在法律和合同规定不明确或未作规定时，应以诚实信用的方式履行义务。诚实信用原则作为市场活动的基本准则，是协调各方当事人之间的利益，保障市场活动有秩序、有规则进行的重要法律原则。有人指出，诚实信用原则的适用范围逐步扩大，不仅适用于契约的订立、履行和解释，而且最终扩及于一切权利的行使和一切义务的履行，成为民法之基本原则，其性质也由补充当事人意思的任意性规范转变为当事人不能以约定排除其适用，甚至不待当事人援引法院可直接依职权适用的强制性规定。〔1〕

诚实信用不仅是民事主体进行民事活动的基本原则，也是司法裁判的重要准则，更是在需要对当事人不明确的意思表示进行解释时需要遵守的基本原则，如《民法典》第142条规

〔1〕 梁慧星：《民法解释学》，中国政法大学出版社1995年版，第303页。

定："有相对人的意思表示的解释，应当按照所使用的词句，结合相关条款、行为的性质和目的、习惯以及诚信原则，确定意思表示的含义。无相对人的意思表示的解释，不能完全拘泥于所使用的词句，而应当结合相关条款、行为的性质和目的、习惯以及诚信原则，确定行为人的真实意思。"

6. 合法和公序良俗原则

《民法典》第 8 条规定："民事主体从事民事活动，不得违反法律，不得违背公序良俗。"合法是指民事主体在从事民事活动时不得违反法律、行政法规的强制性规定。合法性要求主要包含两点：一是指不违反法律和行政法规的强制性规定。我国的法律包括广义的和狭义的，广义上的法律是指一切具有约束力的规范性文件，包括法律、行政法规、部门规章、地方性法规等；狭义上的法律仅指法律和行政法规。对民事主体的民事活动具有强制力的仅是法律和行政法规的强制性规定。二是仅指法律和行政法规中效力性强制性规定。法律和行政法规中的强制性规定包含效力性强制性规定和管理性强制性规定，只有效力性强制性规定对民事主体的民事活动具有强制力，管理性强制性规定对民事主体的民事活动不具有强制力。民事主体从事民事行为的合法性，既包括民事法律行为的内容合法，即不可以违反法律、行政法规的强制性规定，又包括民事法律行为的形式应当合法，民事活动如果要求书面形式，那么必须符合规定，不可以采用录音、录像的形式。《民法典》第 153 条规定："违反法律、行政法规的强制性规定的民事法律行为无效。但是，该强制性规定不导致该民事法律行为无效的除外。违背公序良俗的民事法律行为无效。"

公序良俗是指公共秩序和善良风俗。公共秩序包括社会公共秩序和生活秩序，善良风俗是指一般社会大众所普遍认可的基本道德准则。公序良俗关系到整个社会的发展，与每一个人都有密切关系，它可以调节个人利益与社会利益、国家利益之间的冲突，维护正常的社会经济秩序和生活秩序，因此必须得以维护。《民法典》总则编除第 8 条规定了“民事主体从事民事活动，不得违反法律，不得违背公序良俗”外，第 10 条也规定了“处理民事纠纷，应当依照法律；法律没有规定的，可以适用习惯，但是不得违背公序良俗。”第 143 条亦规定民事法律行为的有效要件之一是不违背公序良俗，第 153 条第 2 款更是明确规定“违背公序良俗的民事法律行为无效。”在《民法典》其他分编中也存在以公序良俗原则约束民事主体的民事行为的规定，如关于自然人的姓氏问题，法律规定自然人应当随父姓或者母姓，但是在“有不违背公序良俗的其他正当理由”时，可以在父姓和母姓之外选取姓氏。[1]公序良俗原则是对法律规则的补充，当事人的民事活动只有在法律中没有明确规定时才需要坚持公序良俗原则；司法裁判也是在没有直接明确的法律规则可依照时才可以适用公序良俗原则解决纠纷。

7. 绿色原则

《民法典》第 9 条规定：“民事主体从事民事活动，应当有利于节约资源、保护生态环境。”绿色原则是指民事主体在从事民事活动时应当遵循节约资源、保护环境的原则，也称为生态原则。我国《宪法》第 9 条第 2 款规定：“国家保障自然

---

〔1〕《民法典》第 1015 条规定：“自然人应当随父姓或者母姓，但是有下列情形之一的，可以在父姓和母姓之外选取姓氏：（一）选取其他直系长辈血亲的姓氏；（二）因由法定扶养人以外的人扶养而选取扶养人姓氏；（三）有不违背公序良俗的其他正当理由。少数民族自然人的姓氏可以遵从本民族的文化传统和风俗习惯。”

资源的合理利用，保护珍贵的动物和植物。禁止任何组织或者个人用任何手段侵占或者破坏自然资源。”第 26 条第 1 款规定：“国家保护和改善生活环境和生态环境，防治污染和其他公害。”《民法典》中的绿色原则贯彻了宪法关于保护生态环境的精神，将资源合理利用、生态环境资源保护上升到民法基本原则的地位，全面开启环境资源保护的民法通道，有利于构建生态文明下人与自然和谐的关系。[1]

绿色原则是基于我国几十年的经济发展所面临的资源短缺、环境污染的问题而提出的，其主要内容包含两点：一是节约资源，二是保护环境。

资源是有限的，必须节约使用才能使人类社会永续发展。节约资源一是要尽量少地消耗资源，二是对现有的资源给予保护，充分发挥其效用。对此《民法典》中有许多制度予以了保障，如关于共有物的分割问题，《民法典》第 304 条第 1 款规定：“共有人可以协商确定分割方式。达不成协议，共有的不动产或者动产可以分割且不会因分割减损价值的，应当对实物予以分割；难以分割或者因分割会减损价值的，应当对折价或者拍卖、变卖取得的价款予以分割。”其中对“因分割会减损价值的，应当对折价或者拍卖、变卖取得的价款予以分割”，即保护物的价值，防止浪费。再如在确定添附物的归属时，《民法典》第 322 条规定：“因加工、附合、混合而产生的物的归属，有约定的，按照约定；没有约定或者约定不明确的，依照法律规定；法律没有规定的，按照充分发挥物的效用以及保护无过错当事人的原则确定。因一方当事人的过错或者

---

〔1〕 李适时主编：《中华人民共和国民法总则释义》，法律出版社 2017 年版，第 32 页。

确定物的归属造成另一方当事人损害的，应当给予赔偿或者补偿。”其中明确提出了要按照充分发挥物的效用的原则作为确定添附物归属的考量因素之一。

环境是人类生存的基础，直接关系到人们的生活质量、身体健康甚至生命安全，保护环境就是保护人类自身。《民法典》中也制定了大量规范以实现保护环境的目的。如《民法典》第294条规定：“不动产权利人不得违反国家规定弃置固体废物，排放大气污染物、水污染物、土壤污染物、噪声、光辐射、电磁辐射等有害物质。”第326条规定：“用益物权人行使权利，应当遵守法律有关保护和合理开发利用资源、保护生态环境的规定。所有权人不得干涉用益物权人行使权利。”第619条规定：“出卖人应当按照约定的包装方式交付标的物。对包装方式没有约定或者约定不明确，依据本法第五百一十条的规定（即合同生效后，当事人就质量、价款或者报酬、履行地点等内容没有约定或者约定不明确的，可以协议补充；不能达成补充协议的，按照合同相关条款或者交易习惯确定——笔者注）仍不能确定的，应当按照通用的方式包装；没有通用方式的，应当采取足以保护标的物且有利于节约资源、保护生态环境的包装方式。”在《民法典》侵权责任编第七章“环境污染和生态破坏责任”部分，用了七个条文规定了污染环境和破坏生态需要承担的责任，这是“绿色原则”在《民法典》各编中最直接、最集中的体现。为增强绿色原则的刚性约束、维护社会公共利益，《民法典》还规定了违反国家规定故意污染环境、破坏生态的惩罚性赔偿制度，在责任形式上增加了生态环境损害的修复和赔偿规则。

（二）《民法典》中直接规定了六个社会主义核心价值观

《民法典》中直接规定了六个社会主义核心价值观，即民主、文明、自由、平等、公正、诚信。

1. 民主

民主是人类普遍追求的一种价值理念，对民主的追求既是中华民族的一种政治传统，也是中国共产党人的政治目标，因此民主是社会主义核心价值观之一。这不仅是认识上的进步，也充分反映了中国共产党高度的道路自信、理论自信、制度自信和文化自信。民主也是中国特色社会主义的本质要求，没有民主就没有中国特色社会主义。

民主本是指由多数人当家作主决定重大事项。在民事活动中，也存在事关多数人利益的民事活动。《民法典》第 134 条规定："民事法律行为可以基于双方或者多方的意思表示一致成立，也可以基于单方的意思表示成立。法人、非法人组织依照法律或者章程规定的议事方式和表决程序作出决议的，该决议行为成立。"根据该规定，民事法律行为可以分为单方民事法律行为、双方民事法律行为、多方民事法律行为和决议行为。其中的决议行为通常就是由多数人按照既定的表决规则做出的有约束力的行为，其决议行为就是民主的结果。再如《民法典》第 278 条规定，业主共同决定事项，应当由专有部分面积占比三分之二以上的业主且人数占比三分之二以上的业主参与表决。决定筹集建筑物及其附属设施的维修资金，改建、重建建筑物及其附属设施，改变共有部分的用途或者利用共有部分从事经营活动的事项，应当经参与表决专有部分面积四分之三以上的业主且参与表决人数四分之三以上的业主同意。决定其他事项，应当经参与表决专有部分面积过半数的业主且参与表决人数过半数的业主同意。该规定即民主价值观在《民法典》中的直接体现。又如《民法典》第 93 条第 2 款规定："捐助法人应当设理事会、民主管理组织等决策机构，并设执行机构。理事长等负责人按照法人章程的规定担任法定代表人。"其中，明确规定了"民主管理组织"，直接出现了"民主"的关键词。

在《民法典》编纂工作中，先后共 13 轮次将民法典相关法律草案印发代表征求意见。十三届全国人大三次会议审议民法典草案期间，共整理 1241 位代表提出的 2956 余条意见，根据代表意见对民法典草案作了 100 余处修改。在编纂过程中，全国人大常委会法制工作委员会先后 10 次通过中国人大网公布民法典相关草案，公开征求社会公众意见，征集到 42.5 万人提出的 102 余万条意见。工作专班召开 51 场各类座谈会，广泛听取意见，凝聚共识。对各方意见，工作专班都进行了认真梳理研究，并积极予以采纳，夯实民法典编纂的民意基础。[1] 可以说《民法典》的编纂就是民主的结果。

2. 文明

人们对文明含义的理解可归纳为广义和狭义两个层次。广义上的文明是指人类改造世界的物质成果和精神成果的总和；狭义上的文明则主要是指精神文明，是思想上的进步以及文化上的先进。从国家层面来讲，文明是指国家发展的状态，即国家创造的物质财富和精神财富的总和；从社会层面来讲，文明是社会秩序的确立；从个人层面来讲，文明是指人的教养和开化状态。作为一种价值观，文明是关于人们创造的一切文明成果对人的存在和发展是否具有意义以及具有何种意义的看法，

---

〔1〕 参见张钰钗、王博勋："'典'范丨依靠人民立法，凝聚最大共识"，载 http://www.npc.gov.cn/npc/c30834/202103/0963001415594d3f9803222392e2a8fa.shtml，最后访问日期：2021 年 3 月 10 日。

也是人们的一种价值追求，以及为了实现这种价值人们应遵守的行为规范。文明是社会进步的重要标志，也是社会主义现代化国家的重要特征。

我国《民法典》是在系统总结我国几十年民事法律制度建设成果和实践经验的基础上编纂而成的，是一部具有中国特色、体现时代特点、反映人民意愿的法典，其自身就是人类文明制度中的重要组成部分。《民法典》中直接体现了文明价值的制度。其一，在《民法典》中规定了绿色原则。绿色原则也称为生态原则，就是为贯彻习近平生态文明思想而确立的基本原则。《民法典》第 9 条规定："民事主体从事民事活动，应当有利于节约资源、保护生态环境。"为确保绿色原则的贯彻实施，在《民法典》中还增加了规定生态环境损害的惩罚性赔偿制度，并明确规定了生态环境损害的修复和赔偿规则。其二，《民法典》重视家庭文明建设。《民法典》第 1043 条规定："家庭应当树立优良家风，弘扬家庭美德，重视家庭文明建设。夫妻应当互相忠实，互相尊重，互相关爱；家庭成员应当敬老爱幼，互相帮助，维护平等、和睦、文明的婚姻家庭关系。"

3. 自由

人类的发展过程是从不自由到自由的过程，是从自由到更自由的过程，是从物质自由到精神自由的过程，自由没有终点。从人类有意识以来，对自由的追求就是其行为的永恒主题。自由是一个内涵丰富的概念。一般而言，自由是一种摆脱束缚、无拘无束的自在状态。自由无法依凭精神或信仰去实现，也不能仅仅停留于意识层面，人类只有在对客观世界的改造中才能真正实现自身的自由。在很多情况下，物质是自由的基础。

政治和法律中的自由与权利相联系，不可分离。自由即国家赋予公民各种各样的权利。现代国家普遍承认并保障公民拥有基本的权利和自由，包括财产和人身自由、言论和出版自由、集会自由、宗教信仰自由等。自由不等于没有约束，权利和自由的行使要遵循一定的规范，必须是在法律规范限度之内，否则自由将不复存在。所以，权利和自由又总是在规范之内的权利和自由。社会主义核心价值观所倡导的“自由”，其基本内涵指的是人通过实践活动，将人从自然社会及人自身的必然性的束缚下解放出来，成为自然、社会和人自身的主人。只有每一个个体都获得自由全面的发展，才能实现社会共同体的自由全面发展。社会主义的自由以人的自由全面发展为核心，是最广泛、最全面的自由。

民法中的自由也称为自愿，主要表现在意思自由或者意思自治上。作为价值观，其核心内涵是指“民事主体从事民事活动，应当遵循自愿原则，按照自己的意思设立、变更、终止民事法律关系”。具体地说，当事人有权根据自己的意志和利益，决定是否参加或不参加某种民事法律关系，决定是否变更或终止民事法律关系。民事权利可以由当事人在法定的范围内依自身意志取得，也可以依法自主地转移和抛弃。《民法典》出现“自由”一词的条文有 8 条，内容包含四个方面：一是人身自由、人格尊严受法律保护。《民法典》第 109 条规定：“自然人的人身自由、人格尊严受法律保护。”二是行动自由。《民法典》第 1003 条规定：“自然人享有身体权。自然人的身体完整和行动自由受法律保护。任何组织或者个人不得侵害他人的身体权。”同时第 1011 条规定：“以非法拘禁等方式剥夺、限制他人的行动自由，或者非法搜查他人身体的，受害人有权依法请求行为人承担民事责任。”三是婚姻自由，《民法典》

第 1041 条第 2 款规定："实行婚姻自由、一夫一妻、男女平等的婚姻制度。"第 1042 条第 1 款规定："禁止包办、买卖婚姻和其他干涉婚姻自由的行为。禁止借婚姻索取财物。"四是夫妻有参加各种活动的自由。《民法典》第 1057 条规定："夫妻双方都有参加生产、工作、学习和社会活动的自由，一方不得对另一方加以限制或者干涉。"当然，当事人的自由并不是绝对的，而是相对的、有限制的自由，当事人根据自己的意志从事某种活动，不得违背法律的规定，不得损害国家利益和社会公共利益，不得违背公序良俗原则。

4. 平等

作为社会主体的自然人，其特征、个性、能力等自然属性方面必然存在千差万别，但是作为社会成员，其社会属性上能否是平等的，这是衡量人类文明进步的重要标准。随着社会的发展，将每个人作为平等的社会成员来对待，确保每个人生存和发展的需求都受到同等程度的尊重和照顾已成为绝大多数人认可的社会价值观念，这就是现代社会的平等观。社会主义核心价值观所倡导的平等是社会主义的平等，既包括政治平等、经济平等、社会平等等不同层面，也包括权利平等、机会平等等不同内容。

民法中平等价值观的核心内容是指"民事主体在民事活动中的法律地位一律平等"。民法中的平等价值观只是社会主义核心价值观之平等价值观中的一部分，一是指当事人在从事民事活动时的法律地位平等，二是指在民事法律中所享有的权利义务平等。民法中的平等，可以体现在民事活动中，如在契约缔结过程中当事人平等协商，也可以体现在民事生活中，如在家庭关系中家庭成员的地位平等，也可以体现在法律上的权利义务、资格享有上平等，如所有的自然人均享有完全相同的民事权利能力等。《民法典》出现“平等”一词的条文有 12 条，内容包含四个方面：一是民事权利能力平等。《民法典》第 14 条规定：“自然人的民事权利能力一律平等。”二是民事主体的财产权利平等受法律保护。《民法典》第 113 条规定：“民事主体的财产权利受法律平等保护。”第 207 条规定：“国家、集体、私人的物权和其他权利人的物权受法律平等保护，任何组织或者个人不得侵犯。”三是市场主体法律地位平等。《民法典》第 206 条第 3 款规定：“国家实行社会主义市场经济，保障一切市场主体的平等法律地位和发展权利。”四是男女平等，家庭成员平等。《民法典》第 1041 条第 2 款规定：“实行婚姻自由、一夫一妻、男女平等的婚姻制度。”第 1055 条规定：“夫妻在婚姻家庭中地位平等。”

5. 公正

公正即“公平正义”，是人类社会最古老的价值追求，可以适用于评判政治、经济、法律和社会生活等各个方面。社会公正是人类文明进步的基石，是社会制度的核心价值和根本取向。追求公平正义是政治文明发展的方向。公正作为一种社会价值，是衡量一个社会的制度安排是否正当合理的重要标准。一个社会的公正，应当体现在经济、政治、法律等社会生活的各个领域、各个层次和各个方面。公正的核心是分配公正，就是要对权利和义务进行合理分配，对社会机会、收入和财富以及其他社会资源等进行合理分配。只有在公正的社会环境中，人民的利益才能得到有效保证，人民群众的积极性、主动性、创造性才能充分发挥出来，不断激发社会活力，推动社会前进。

民法中公平正义价值观的核心内容就是要求“民事主体从事民事活动，应当遵循公平原则，合理确定各方的权利和义务”。公平原则要求民事主体应本着公平的观念从事民事活动，正当行使权利和履行义务，在民事活动中兼顾他人利益和社会公共利益。在司法实践中，司法机关在处理民事纠纷时，应该根据公平原则，使案件的处理既符合法律，又做到公平合理。特别是缺乏具体法律规定的情况下，司法审判人员更应该本着公平原则，按照公平和正义的观念处理民事纠纷，切实保障当事人的合法权益。《民法典》中直接体现公正二字的规范是第 790 条，该条规定：“建设工程的招标投标活动，应当依照有关法律的规定公开、公平、公正进行。”如果将公正作为公平正义来理解，在《民法典》中涉及公平的法律条文有 7 条，如第 533 条规定：“合同成立后，合同的基础条件发生了当事人在订立合同时无法预见的、不属于商业风险的重大变化，继续履行合同对于当事人一方明显不公平的，受不利影响的当事人可以与对方重新协商；在合理期限内协商不成的，当事人可以请求人民法院或者仲裁机构变更或者解除合同。人民法院或者仲裁机构应当结合案件的实际情况，根据公平原则变更或者解除合同。”

6. 诚信

诚信是指诚实守信。诚信是人类有史以来最广为称颂的高贵品质之一，是个人道德的基石，是社会正常运行不可或缺的条件。在中国社会诚信品质尤其受重视，“人无信不立”。诚信品质虽然是个人层面上的价值观，影响个人在社会上的生存与发展，但是与整个社会的有机运转也密不可分。“诚”的内容包括两方面：一是真实，二是诚恳。真实是指在与他人交往的过程中，如实陈述相关事物的本来面貌，不虚构、不浮夸。如在与他人订立合同时，对于标的物的真实品质、数量、用途及效果等如实告知即为真实。诚恳的意思是要求忠于自己，表达出自己内心的真实想法，尊重自己也尊重他人。

民法中诚信价值观的核心内容是指“民事主体从事民事活动，应当遵循诚信原则，秉持诚实，恪守承诺”。诚信原则要求民事主体在从事民事活动时应该诚实、守信用，正当行使权利和履行义务。人们通常将诚信原则作为民法中的帝王规则看待，由此可见诚信价值观在民法中的地位。《民法典》出现“诚信”一词的条文有 6 条，内容包含四个方面：一是将诚信作为基本原则加以规定。《民法典》第 7 条规定：“民事主体从事民事活动，应当遵循诚信原则，秉持诚实，恪守承诺。”二是关于意思表示的解释规则。《民法典》第 142 条规定：“有相对人的意思表示的解释，应当按照所使用的词句，结合相关条款、行为的性质和目的、习惯以及诚信原则，确定意思表示的含义。无相对人的意思表示的解释，不能完全拘泥于所使用的词句，而应当结合相关条款、行为的性质和目的、习惯以及诚信原则，确定行为人的真实意思。”三是制裁违背诚信原则的行为。《民法典》第 500 条规定，当事人在订立合同过程中有假借订立合同恶意进行磋商，故意隐瞒与订立合同有关的重要事实或者提供虚假情况，以及其他违背诚信原则的行为，造成对方损失的，应当承担赔偿责任。四是对合同履行的基本要求。《民法典》第 509 条第 2 款规定：“当事人应当遵循诚信原则，根据合同的性质、目的和交易习惯履行通知、协助、保密等义务。”

（三）《民法典》中相关制度体现了其他社会主义核心价值观

“富强、和谐、法治、爱国、敬业、友善”的价值观虽然未在《民法典》中直接点明，但是《民法典》中的许多具体制度设计背后的思想是以相关价值观作为基础的，相关法律规则的实施就是价值观的实践。这些法律规则对于弘扬社会主义核心价值观起到积极作用，也是实现《民法典》立法宗旨的具体举措。

1. 富强

富强即国富民强，其居于社会主义核心价值观国家层面的价值目标的第一位，充分体现了其重要性。国家富强是促进社会进步、人的自由全面发展的物质基础和制度保障。“富强”包含着两大价值诉求：一是人民的富裕，二是国家的强盛。“富强”首先在于富民，即人民富裕。人民的富裕不是指财富金钱的富有，而是指物质生活条件的富足充裕，即通常所说的丰衣足食，是个人和家庭物质生活条件的富足和充裕状态。在中国共产党成立100周年之际，习近平总书记向全世界庄严宣告，我们已全面建成小康社会，这是中华民族发展史上的重大事件，为中华民族的伟大复兴奠定了良好的物质基础。中华民族的伟大复兴涉及众多层面，物质财富的丰富是一层面，精神上的强大是另一层面。我们认为，人的强大首先在于其精神的强大，中华民族素来以伟大的精神动力作为坚强后盾。所以，富强不仅是物质方面的富裕，还包括精神层面的充实。

在富强国家的构成要素中，除自然资源等少数内容外，还离不开一国的国民之富裕程度，民不富则国不强，只有使国民先富裕起来，才有可能实现真正意义上的国家富强。因此，富强之民富国强是一个不可分的整体。没有民富就没有国强。而国家富强的最终目的不仅在于丰富人民的物质生活，还在于满足人民的精神生活，给国民提供安全稳定的生活、工作环境，进而促进人的自由全面发展。因此，人民富裕，国家强盛，这二者是统一的，互为条件，相辅相成。

《民法典》弘扬富强价值观，主要通过保障广大民事主体的财产权利，为国家繁荣昌盛、人民幸福安康提供物质基础。例如，《民法典》第 113 条规定："民事主体的财产权利受法律平等保护。"并进一步规定了民事主体依法享有物权、债权、知识产权、继承权、股权和其他投资性权利。通过保护民事主体的财产权利，民事主体自身能够享受到财产的利益，从而激发其不断创造财富的内在动力。没有个人对创造财富的努力就不会有社会物质财富的增长，没有社会物质财富的增长，国家的富强必然受到影响。

2. 和谐

"和谐"是中国传统文化的核心理念，它贯穿于个人修身、国家治理、社会建构等各个层面。在个人层面，和谐是一种重要的修养目标。孔子说："君子和而不同，小人同而不和。"儒家认为，若要有君子之修，必须善于兼听各种不同的声音，协调各种不同的关系，能够与他人友好相处。差异性是和谐存在的前提，没有差异就不需要和谐了。因此，和谐是在承认事物多样性、差异性存在的前提下不同主体之间、主体与客体之间相互依存、互为条件、协调发展的状态。社会主义核心价值观中的和谐社会是"民主法治、公平正义、诚信友爱、充满活力、安定有序以及人与自然和谐的社会主义和谐社会"，对我们坚持科学发展，走环境友好型、资源节约型可持续发展道路有重大意义；对正确处理不同利益群体之间的矛盾，实现人与人之间、人与社会之间的和谐发展以及共建人类命运共同体都有重要意义。和谐也是中华民族伟大复兴的社会基础。

和谐价值观在民法中是得到广泛体现的，因为民法是人法，就必然要求人与人之间和谐共处，建立良好的社会关系。《民法典》弘扬和谐价值观，一是通过确定所有民事主体的法律地位平等、消除因不平等而产生的矛盾根源，为和谐打下法律基础。例如，《民法典》第 4 条规定："民事主体在民事活动中的法律地位一律平等。"二是通过对民事主体之间的各种民事关系进行规范，实现社会有序运作的和谐局面。例如，《民法典》第 2 条规定："民法调整平等主体的自然人、法人和非法人组织之间的人身关系和财产关系。"通过对人身关系和财产关系的调整，达成劳有所得、幼有所教、老有所养、住有所居的和谐局面。三是基于绿色原则所反映出来的人与自然和谐共处的价值观。例如，《民法典》第 9 条规定："民事主体从事民事活动，应当有利于节约资源、保护生态环境。"除此以外，《民法典》还通过对家庭关系、邻里关系的规范，实现一定范围内的和谐。例如，《民法典》第 1043 条第 2 款规定："夫妻应当互相忠实，互相尊重，互相关爱；家庭成员应当敬老爱幼，互相帮助，维护平等、和睦、文明的婚姻家庭关系。"第 288 条规定："不动产的相邻权利人应当按照有利生产、方便生活、团结互助、公平合理的原则，正确处理相邻关系。"

3. 法治

"法治"是一种治国理念，强调法律的权威性和普遍适用性，其基本内涵在于，将法律作为治理国家和社会的最高准则，任何人和机构都不得凌驾于法律之上。法治是实现自由平等、公平正义的有效保障。在以习近平同志为核心的党中央提出的“四个全面”战略布局中，“全面依法治国”是其中的重要组成部分。全面依法治国这一战略举措，与全面深化改革、全面从严治党相辅相成，共同为全面建成小康社会这一战略目标提供基本动力、基本保障、基本支撑。社会主义法治价值观要求在国家生活和社会生活中有法可依、有法必依、执法必严、违法必究，在法律面前人人平等，任何人不能享有超越法律之上的特权。

法治价值观在《民法典》中得到充分体现。其一，《民法典》的制定就是法治的基本要求，实现了民事争议解决的“有法可依”。《民法典》是中国特色社会主义法律体系的重要组成部分，是民事领域的基础性、综合性法律，它规范各类民事主体的各种人身关系和财产关系，是全面依法治国的重要组成部分。其二，《民法典》中保护民事主体的合法权益是法治的重要体现。保护任何主体的合法权益都是法治精神的首要要求，《民法典》第 3 条规定：“民事主体的人身权利、财产权利以及其他合法权益受法律保护，任何组织或者个人不得侵犯。”其三，要求民事主体“有法必依”，即民事行为的合法性。民法虽然是任意法，但是也存在众多强制性规定，这些规定主要是以“应当”用语体现出来，因为“应当”通常就是“必须”的意思，《民法典》中“应当”一词出现了 700 多次，其中很多都是对其行为的强制性要求，做了即合法。民事行为的合法是指民事主体在从事民事活动时不得违反法律、行政法规的强制性规定。合法性要求主要包含两点：一是不违反法律和行政法规的强制性规定，二是仅指法律和行政法规中的效力性、强制性规定。民事权益是受法律保护，而不是受权力的保护或者某个人的保护，所反映的基本价值就是现代社会中法律至上的法治价值观。当事人必须遵守的强制性规定，在《民法典》中比比皆是，如第 8 条规定："民事主体从事民事活动，不得违反法律，不得违背公序良俗。"第 35 条规定："监护人应当按照最有利于被监护人的原则履行监护职责。监护人除为维护被监护人利益外，不得处分被监护人的财产。未成年人的监护人履行监护职责，在作出与被监护人利益有关的决定时，应当根据被监护人的年龄和智力状况，尊重被监护人的真实意愿。成年人的监护人履行监护职责，应当最大程度地尊重被监护人的真实意愿，保障并协助被监护人实施与其智力、精神健康状况相适应的民事法律行为。对被监护人有能力独立处理的事务，监护人不得干涉。"关于保理合同、融资租赁合同等应当采用书面形式的规定对当事人也有强制效力，是其必须遵守的规则。除此以外，《民法典》中关于民事责任也是法治精神的重要体现，如第 1258 条规定："在公共场所或者道路上挖掘、修缮安装地下设施等造成他人损害，施工人不能证明已经设置明显标志和采取安全措施的，应当承担侵权责任。窨井等地下设施造成他人损害，管理人不能证明尽到管理职责的，应当承担侵权责任。"

4. 爱国

爱国主义是中华民族精神最稳定的文化基因，已内化成了中华民族精神的核心。爱国是社会主义核心价值观的政治基础，是指热爱中华人民共和国。爱国不是抽象的，是具体的，要热爱祖国的历史、热爱祖国的文化、热爱祖国的制度、热爱祖国的人民，在关键时刻能挺身而出，即古诗所说："苟利国家生死以，岂因祸福避趋之?”现在的中国，物质财富和文化生活丰富，人民安居乐业，享受到前所未有的快乐，这与伟大祖国的庇佑不可分开。任何个人的成长和发展均需要国家的支持，热爱国家不仅是法律义务，也是道德的基本要求。

爱国价值观在《民法典》中的体现：一是《民法典》的制定，是在坚持“四个自信”的基础上基于中国特色完成的，具有强烈的民族色彩，其中一些中国固有的民事法律制度的设计使《民法典》具有鲜明的中国特色。我国是社会主义国家，土地只能属于国家所有和集体所有，这种所有权制度在《民法典》中得到完全落实。基于土地所有权只能属于国家所有和集体所有的客观现实，为充分发挥土地的使用价值，土地承包经营权、建设用地使用权、宅基地使用权等具有中国特色的用益物权制度在《民法典》中得到系统规范。二是明确保护国家财产利益。维护国家利益是爱国的重要体现，《民法典》一方面通过禁止民事主体进行某种行为以实现对国家财产的保护，如第 258 条规定：“国家所有的财产受法律保护，禁止任何组织或者个人侵占、哄抢、私分、截留、破坏。”另一方面通过对当事人合同行为的强制干涉以维护国家利益，如第 534 条规定：“对当事人利用合同实施危害国家利益、社会公共利益行为的，市场监督管理和其他有关行政主管部门依照法律、行政法规的规定负责监督处理。”三是明确禁止民事主体滥用民事权利损害国家利益的行为，如《民法典》第 132 条规定：“民事主体不得滥用民事权利损害国家利益、社会公共利益或者他人合法权益。”

5. 敬业

劳动是创造财富的基础。国家和社会的财富来源于劳动者的创造。劳动者个人的财富也主要是基于自己的劳动而获取的，可以说没有劳动就没有财富。而敬业是劳动者对待劳动的态度，直接影响社会财富的积累，影响到国家、社会和个人生存与发展的物质基础。敬业是中华民族的传统美德，已经成为职业道德的核心要素，也是公民应当遵循的基本价值规范之一。敬业也是完善自我的重要途径：通过工作实现自身的价值，通过工作实现自身的财务自由，通过工作提升自身的实践能力和与他人相处合作的能力。因此，处于个人层面的敬业价值观，实则对个人、社会均具有广泛的影响。敬业价值观包括对工作的热爱、对工作的勤勉投入、对工作的负责和敬畏。

《民法典》中要求民事主体忠于职守、尽职尽责的规定，充分体现了社会主义的职业精神，是弘扬敬业价值观的有力方法。由于敬业价值观的要求已经上升为约定的和法定的义务，在义务人违反义务时将会产生民事责任，我们认为敬业价值观在《民法典》中的实践是有强力保障的。其中的规定主要表现在：一是对财产代管人和保管人管理义务的要求。《民法典》第 43 条第 1 款规定："财产代管人应当妥善管理失踪人的财产，维护其财产权益。"第 784 条规定："承揽人应当妥善保管定作人提供的材料以及完成的工作成果，因保管不善造成毁损、灭失的，应当承担赔偿责任。"第 892 条第 1 款规定："保管人应当妥善保管保管物。"从上述规定可以看出，财产代管人和保管人在履行义务时的妥善性要求，就是要求其履行义务时要尽职尽责，本质上就是敬业价值观的要求。二是有关代理和委托中当事人代理权行使的规定及代理权行使不当的民事责任。代理和委托中，代理人和受托人均是为他人办事之人，为他人办事是要认真地办还是随意、漫不经心地办？这就是敬业和不敬业的问题。从《民法典》的规定来看，当然是要秉承敬业精心去办，不敬业即可能产生一定的法律后果。例如，《民法典》规定代理人履行代理职责不当应当承担民事责任，即第164条第1款规定："代理人不履行或者不完全履行职责，造成被代理人损害的，应当承担民事责任。"对于受委托人而言，《民法典》第923条规定："受托人应当亲自处理委托事务。经委托人同意，受托人可以转委托。转委托经同意或者追认的，委托人可以就委托事务直接指示转委托的第三人，受托人仅就第三人的选任及其对第三人的指示承担责任。转委托未经同意或者追认的，受托人应当对转委托的第三人的行为承担责任；但是，在紧急情况下受托人为了维护委托人的利益需要转委托第三人的除外。"三是对物业服务人的规定。物业服务人对于物业服务内容，应当按照约定做好，这就是敬业价值观的基本要求。《民法典》第942条规定："物业服务人应当按照约定和物业的使用性质，妥善维修、养护、清洁、绿化和经营管理物业服务区域内的业主共有部分，维护物业服务区域内的基本秩序，采取合理措施保护业主的人身、财产安全。对物业服务区域内违反有关治安、环保、消防等法律法规的行为，物业服务人应当及时采取合理措施制止、向有关行政主管部门报告并协助处理。"

6. 友善

友善是指人与人之间如朋友一样亲近和睦。人的生存和发展过程中，友善是必不可少的。因为人不可能孤立存在，需要与他人建立各种联系，在他人的帮助下生存和发展。只有对待他人友善，才能获得他人的帮助而实现自我。只有友善的人，才能与他人建立基于感情的长久关系，才能与他人和谐相处。

随着社会的发展，友善观念不仅存在于人与人之间，也包括人友善对待自然。人生存于自然界中，大自然给人的生存提供了物质基础和环境基础，大自然的多样性也给人的生活增添了生气，人也应当友善地对待大自然。“绿水青山就是金山银山”反映了人友善对待大自然的重要性。友善的人际关系和人与自然之间的关系推动了和谐社会关系的构建，有利于国家社会的可持续发展，因此友善也成为公民的社会主义核心价值观之一。

《民法典》弘扬友善价值观，一是规定了人人平等原则，这是待人友善的前提。人和人之间的平等性为相互之间的友善相待打下基础。二是规定了无因管理、紧急求助等制度，鼓励好人好事。根据《民法典》第 979 条的规定，无因管理是指管理人没有法定的或者约定的义务，为避免他人利益受损失而管理他人事务。无因管理行为从本质上看就是友善行为，是做好事的行为。通过规定管理人“可以请求受益人偿还因管理事务而支出的必要费用；管理人因管理事务受到损失的，可以请求受益人给予适当补偿”，就是对人做出友善行为的积极鼓励，是对友善价值观的弘扬。《民法典》第 184 条规定：“因自愿实施紧急救助行为造成受助人损害的，救助人不承担民事责任。”因为在他人处于紧急的情况下对其进行救助，本身就是充满爱心和善良的正义行为，如果因为某些行为造成损害让救助人承担民事责任，必然抑制其积极性。通过完全免除其民事责任，对于鼓励一般社会主体在紧急情况下做出救助这种友善之举有积极意义。其他如紧急避险行为也有鼓励人们善待他人事务、在他人需要帮助时挺身而出的重要意义，也是对友善价值观的弘扬。三是倡导与鼓励公益。公益是个人或组织体自愿通过做好事、行善举而提供给社会公众的公共产品。做公益事业，仅仅依靠个体的力量是有限的，只有通过组织体才能够聚集更多财富，让更多的人享受到好处，充分感受到社会的友善。因此，《民法典》对以公益为目的的法人组织的设立、行为等作出了较完整的规定。例如：《民法典》第87条第1款规定："为公益目的或者其他非营利目的成立，不向出资人、设立人或者会员分配所取得利润的法人，为非营利法人。"第88条规定："具备法人条件，为适应经济社会发展需要，提供公益服务设立的事业单位，经依法登记成立，取得事业单位法人资格；依法不需要办理法人登记的，从成立之日起，具有事业单位法人资格。"第92条第1款规定："具备法人条件，为公益目的以捐助财产设立的基金会、社会服务机构等，经依法登记成立，取得捐助法人资格。"四是规定了绿色原则，以善待自然。

三、民法学教学过程中融合社会主义核心价值观

2017年5月，习近平总书记在考察中国政法大学时指出："全面依法治国是坚持和发展中国特色社会主义的本质要求和重要保障，事关我们党执政兴国，事关人民幸福安康，事关党和国家事业发展。随着中国特色社会主义事业不断发展，法治建设将承载更多使命、发挥更为重要的作用。"同时还指出："法学专业教师要坚定理想信念，带头践行社会主义核心价值观，在做好理论研究和教学的同时，深入了解法律实际工作，促进理论和实践相结合，多用正能量鼓舞激励学生。"既然民法的基本价值观与社会主义核心价值观在内容上存在重大重合，在民法学的教育过程中就应当充分体现出对社会主义核心价值观的传递，需要将社会主义核心价值观融合进整个民法的讲授内容和讲授过程之中，这就是教师带头践行社会主义核心

价值观的行动，也是坚持立德树人、培养高素质法治人才的必然要求。

民法学是法学专业一年级新生的必修课。在其刚开始接触法学专业知识的同时，将社会主义核心价值观融入民法学的教学过程，对实现“为党育人”“为国育才”有基础性作用。将社会主义核心价值观融入民法学的教学过程，需要从静态融合和动态融合两个方面展开，并辅助以适当案例让学生入脑入心。

（一）静态融合

静态融合是指内容上的融合，要求提前寻找与社会主义核心价值观具有一致性的内容以备讲授时使用。笔者认为，民法学中与社会主义核心价值观具有一致性的内容很多，举例如下：一是民法基本原则部分。正如前文所分析的，民法基本原则反映的是民法的基本价值，平等、公平、正义、自由、诚信等内容，与社会主义核心价值观具有密切关系，可以高度融合。二是民事法律行为制度。民事法律行为中包含意思自由，是社会主义核心价值观中自由的一部分；包含无效的民事法律行为，是法治价值观的重要体现。三是代理制度。代理是代理人以被代理人的名义进行民事法律行为，由此所产生的法律后果由被代理人承担，但是在代理制度中要求代理人从事代理行为时要谨慎勤勉，此与敬业之价值观有直接的联系。四是合同制度。合同自由、缔约过失责任、可撤销合同、违约责任等内容均可以与社会主义核心价值观中的自由观、诚信观、法治观、平等观、公正观等有效结合。五是物权制度。物权平等保护原则对于促进民事主体创造财富的积极性有重要作用，可与富强价值观相联系；物权法定原则反映的是法治价值观，建筑物区分所有权、相邻关系等内容可以与和谐价值观密切联系。

六是婚姻家庭制度。婚姻家庭制度中的婚姻自由可与自由价值观相联系，夫妻关系、家庭关系反映了和谐价值观、平等价值观等。七是侵权责任制度。在侵权责任制度中，通过归责原则制度、一般侵权的要件、特别侵权的规定以及侵权责任的承担等内容也可以与社会主义核心价值观中的公正价值观、自由价值观、诚信价值观等相联系。

（二）动态融合

动态融合是讲授过程中的融合，是指在讲授与社会主义核心价值观有联系的民法学内容时合理切入社会主义核心价值观的内容，实现让学生同步掌握法学专业知识与社会主义核心价值观的内容。由于课堂教学主要是理论学习，而理论和实践相结合、知行合一才是道德养成和思想成长的根本途径。培育社会主义核心价值观，也必须遵循这一规律，让思想理论走进课堂，让学生在实际生活中去实践社会主义核心价值观，取得实际效果。例如，在讲授相邻关系时，以《民法典》第288条“不动产的相邻权利人应当按照有利生产、方便生活、团结互助、公平合理的原则，正确处理相邻关系”的规定展开，让同学们了解该相邻关系的规则在实现邻里和谐、友善相处和物尽其用等方面的意义，使其在不知不觉中掌握相关社会主义核心价值观的内容。

（三）案例的重要性

民法是市民社会的基本法律，婚姻关系、家庭关系、经济关系等均为其调整对象，与每一个人均存在非常紧密的联系。从具体的民事法律制度来看，其中绝大多数规范甚至每一项原则都能找到实实在在的生活实践。因此，对民法的讲授就不可能是抽象的，与具体民事法律规范或者民法基本原则相关的案例数不胜数。只有结合真实的案例，学生的理解才具有直观性，才能将本来抽象的理论具体化，加深学习的效果。

社会主义核心价值观不是对君子般的少数人的极高道德要求，而是对社会公民的一般性要求，具有极强的实践性；社会主义核心价值观的要求也不是抽象的，而是具体的，是可以为绝大多数民众所直接感受和接受的。因此，在将民法中的相关内容与社会主义核心价值观联系讲授的同时，也不能泛泛而言，需要以具体的案例明证。

在一般情况下，案例的选择应当符合以下原则：一是相关。案例要与社会主义核心价值观有直接的相关性。二是普通。选择用来帮助学生理解相关法学知识的案例，应当是社会中的普通案例，尽量避免选择过于深奥的或者偶然性的案例。三是深入。案例不仅仅反映当事人所争议的事实，还要有充分的理论阐述，反映出对相关价值观的看法，才有利于学生同时掌握专业知识和社会主义核心价值观。例如，在普陀山佛教造像研究院、李巍名誉权纠纷案件[1]中，就当事人争议的核心之一言论自由的边界问题，浙江省高级人民法院认为，公民享有宪法所赋予的言论自由的基本权利，对于社会公共议题也依法享有通过大众传媒或其他方式进行监督和批评的权利。同时，名誉权是民事主体的基本民事权利，法律禁止他人用侮辱、诽谤等方式对其进行侵害。因此，公民言论自由权利的行使应当存在一定界限，即不能违反法律和公序良俗，对于公共议题进行具有学术色彩的批评行为，也应当遵循善意且合理的原则。若行为人恶意误导公众或采取不符合公序良俗的传播手段，发表具有贬损他人名誉性质的内容，导致他人名誉受损

〔1〕 浙江省高级人民法院（2017）浙民终903号民事判决书。

的，应当认定构成名誉侵权。首先，对于上述属于作者作为文物专家对于案涉展品工艺、审美及真伪的主观评价，或是属于其对亲自参观展出的所见所感所想，没有超出合理行使言论自由权的范畴，不构成侵权。其次，对于案涉文章用图片将展出佛造像与古玩城佛造像进行对比，在缺乏充分认定条件和确实根据的情况下，利用图片和实物的差异，得出对普陀山佛教造像研究院、李巍的名誉产生负面影响的不严谨结论，误导公众观点，具有主观上的恶意，超过了言论自由和舆论监督的合理边界，构成侵权。最后，陈建明作为文物领域专家，应当在其专业领域的评论文章中严谨且审慎地阐述自己的批评观点。通观案涉文章上下文，陈建明在缺乏充分认定条件和确实根据的情况下，不当地利用其专家身份，采用缺乏严谨的修辞和言论，恶意误导公众传播负面的言论，其行为已超出言论自由的合理界限，主观上具有过错。文章在社会上造成一定影响，客观上已对普陀山佛教造像研究院、李巍产生了社会评价降低的损害事实。陈建明的侵权行为与普陀山佛教造像研究院、李巍社会信誉降低的损害事实之间存在因果关系，因此构成对普陀山佛教造像研究院、李巍的名誉权的侵害，应当承担相应的法律责任。该案例与自由价值观具有直接的相关性。在该案判决中，人民法院通过深入的分析，阐释背后的道理，让大家认识到作为社会主义核心价值观内容之一的自由价值在宪法和民事基本法律制度中是得到保障的，是真实的，是可以在社会生活中实践的，但是自由是有边界的。超出法律边界的自由为法律所禁止，侵害他人合法权益的应当承担法律责任，从而又对公民在践行自由价值观时的行为提出了尊重法律的基本要求。该案例还体现了公序良俗原则和对专家敬业精神的基本要求。

第二章

民法与自然人

孟德斯鸠曾经说过，“在民法慈母般的眼里，每一个人就是整个国家。”[1]这不仅是对民法充满包容精神和慈爱情怀的评价，更是对自然人在民法中重要地位的准确描述。民法是充满了慈爱而不是冷酷，民法对待每一个自然人如母亲对待孩子一般温柔而慈祥，对其不是强制性的管理，而是赋予其权利和充满爱心的保护，在民法的具体制度中处处体现着对人的关怀。在民事法律关系中不仅每个自然人法律地位平等，而且在国家与自然人缔结民事法律关系时，其与自然人在民法上的地位也是平等的。国家之间需要平等，个人之间也需要平等；国家有国家的财产权，个人有个人的财产权；国家有发展权，个人也有发展权；国家主权独立，个人人格独立；国家有国家的尊严，个人也有个人的尊严；国家需要安全，个人也需要安全。与国家等而视之，人在民法中的地位是崇高的，民法是以人为本的。

这确实是自然人在民法中的地位。我们通常所讲民法是以人为本的法律，从外在看，民法就是按照自然人一生的发展过程进行保护性的制度设计，是对人从出生开始到死亡结束的完

〔1〕［法］孟德斯鸠：《论法的精神》（下册），张雁深译，商务印书馆 1963 年版，第 211 页。

整过程的保护，甚至上至人出生之前的胎儿时期，下至死亡后的相当长时期内都给予一定的保护。从内在看，民法就是以人的理性和对自由的追求与向往为基本出发点进行规范并给予充分的保护。这也基本上构成了制定民事法律制度的思想基础和内容体系。自然人的一生都在民法的规范保护中而不是处于其限制之下，或许看起来是对某些自然人构成限制的制度，例如，限制民事行为能力或者无民事行为能力的规定，仍然是为了防止限制民事行为能力人或者无民事行为能力人因理性不充分所实施的民事行为损害其自身利益，仍然是以保护其利益为目的。因此，民法“以人为本”实至名归。

民法以人为本，就是让人成为自己想成为的那个人、那个样子，只有民法才能成就每一个人的自我理想。作为规范人行为的规则，主要有两种：一是道德规则，二是法律规则。虽然道德规则本身不具有强制力，但是道德规则的形成并不是某个人或者某类人主观制定的，它是在社会生活中慢慢形成的、对人的一种较高的行为要求。道德规则的内在意义就是要求人们成为社会大众心中理想的人——道德君子而不是普通的社会成员。[1]法律规则对人的要求又分为两种，一种是公法对人的要求，另一种是私法（民法）对人的要求。公法对人的要求是立法者的要求，是通过施加义务来实现的，让我们成为他们代表的广大人民群众所要求的样子，而不是放任个人活成自己心中的样子，如刑法要求人们不能杀人放火、盗窃抢劫、祸国殃民等，行政法要求人们遵守规则、服从管理等，宪法要求人们自觉纳税、保家卫国等。它们是从社会层面对个人提出要求

〔1〕 道德对人的最低要求已经转化为法律制度，故此处所指的道德是指对人提出较高要求的道德。

而不是从个体层面给予人自由，这些要求基本上包含了道德中的最低要求。而民法是私法，任意性是其基本特征，在整体上是给予人们自由，从内在意思的自由到外在行为的自由，你想成为什么样的人，你就可以基于自我意愿做出什么样的行为：可以做出道德行为，如捐赠、紧急救助、无因管理等，也可以做出自利的行为，如等价有偿的交易、救济自己具有瑕疵的意思等。成就自我是民法给予每一个自然人的权利，这就是民法的以人为本。

一、民法与自然人的出生和死亡

自然人的出生与死亡给人带来的是巨大的情感变化，是至喜与至悲情感爆发的重要原因之一。但是自然人的出生与死亡，在民法中仅是能引起民事法律关系变动的法律事实，毫无情感因素。这看似无情，却是民法充满对人实在关怀的必然要求。只有自然人出生才会引起民事法律关系的变动，才会产生民事权利和义务，才会有民法所保护的重要对象之一；死亡是人的最终归宿，却还可能给其至亲和其他利害关系人带来意想不到的权利和义务方面的困扰。因此，民法必须首先解决自然人的生死及其相关法律问题。

（一）自然人的出生

自然人的出生在民法上的意义是作为一项民事法律事实存在。民事法律事实是指能够引起民事法律关系产生、变更、消灭的事实，民事法律事实的意义在于对民事法律关系的变动产生影响。出生作为民法上的法律事实之一，其对民事法律关系的影响在于两个方面：一是自然人作为民事法律关系中的主体资格自然而然地取得，即当然取得，无须其他程序认定。户籍登记行为是否完成，姓名是否确定，住所等事实是否确定，对于自然人获得民事法律关系主体资格并无影响。二是基于民事法律关系主体资格的取得，自然人所享有的一些绝对权法律关系也自动产生。《民法典》第 13 条规定："自然人从出生时起到死亡时止，具有民事权利能力，依法享有民事权利，承担民事义务。"由此可见，民事权利能力和主体资格的取得是一致的。那么何为民法中的自然人呢？就是指胎儿与母体分离后并存活下来的人。具有民事权利能力是自然人自然、当然享有的能力，与母体分离并具有生命是唯一的标准，不需要其他程序确认。基于自动产生的权利能力，自然人可能自然依法享有一些权利，如生命权、健康权等绝对权。

自然人出生后就成为一个权利义务的统一体，以其为核心就产生了权利义务群，此时其本身的存在不仅仅影响到自己的利益，与其他利害关系人也有重大影响。此时，确保权利义务法律关系的稳定性对当事人及利害关系人至关重要。作为民事法律关系主体的自然人，刚刚与母体分离后，在符合什么标准下其生存的概率最高呢？如果将一个刚刚与母体分离的胎儿作为自然人看待，但是其在较短的时间内死亡，对社会关系的稳定性明显能产生负面影响。因此，在满足什么条件下，胎儿与母体分离后存活的概率最高，该条件作为"存活"的判断标准才是科学的。严格来讲这并不是民法上的事，而是医学所应当解决的问题，故民法必须要借助医学上"生"的标准作为自然人出生的判断依据。从理论上看，关于存活的判断标准存在不同的学说，如与母体分离说、啼哭说、部分露出说和全部露出说、独立呼吸说等。[1]从事实来看，胎儿简单与母体分离不能作为其是否存活的标准毫无疑义，相比较而言，与母体分离后的胎儿，在具备独立呼吸能力后再在短期内死亡的概率远远要低于啼哭、身体的部分或者全部露出等条件，因此，独立呼吸说的科学性是最高的，其当然就成为一个主流学说。

独立呼吸说除了具有科学性，还非常符合民法的基本价值追求之一——稳定性社会关系。只有死亡的概率最低时，基于刚出生的自然人所产生的权利义务关系才具有稳定性。权利义务关系的相对稳定性才能满足法律关系主体的预期，对其能起到激励作用，才会出现更多的创造性活动。

为了维护自然人出生后的生存和发展权利，特别是在涉及至亲一方死亡后出生的自然人的生存和发展，对其出生之前处于胎儿阶段的相关利益进行保护，不仅是伦理问题，更应当是一个法律问题，由法律给予充分的保护，世界上很多国家的民事立法已经担负起这一伟大使命。从历史上看，对胎儿利益的保护早在古罗马的法律制度中就存在。根据罗马法的规定，如果对未出生的胎儿有利，就可以为特定目的而将已孕育但尚未出生的胎儿拟制为已经出生。同样为确保出生的胎儿将来能够实现取得权利的期待，还可以设定胎儿保佐人。[2]继承罗马法的规定，目前世界各国（地区）的民法中均就胎儿的利益作出了相应的规定，如胎儿的继承权、受赠与权、身体健康权等。就世界各国的立法模式来看，主要有三种：一是总括保护主义，即胎儿具有民事权利能力，如《瑞士民法典》规定，

〔1〕 王利明：《民法总则》，中国人民大学出版社 2017 年版，第 104 页。

〔2〕［德］马克斯·卡泽尔、罗尔夫·克努特尔：《罗马私法》，田士永译，法律出版社 2018 年版，第 161 页。

胎儿，只要其出生时尚生存，出生前即具有民事权利能力的条件。该立法模式的优势在于最大化地保护了胎儿的利益，只要胎儿出生时为生存的，其未出生时期便具有民事权利能力，其权益即可获得法律的保护。二是个别保护主义，即原则上不承认胎儿具有民事权利能力，但在一些特殊情况下视为其具有一定的权利能力，如《法国民法典》规定，胎儿有领遗赠的权利能力。该立法模式可以在一定程度上对胎儿的某个特别利益进行保护。三是绝对否定主义，即在立法上根本否定胎儿具有民事权利能力，如我国原《民法通则》仅在第 9 条规定："公民从出生时起到死亡时止，具有民事权利能力，依法享有民事权利，承担民事义务。"其根本未提胎儿的民事权利能力问题。这种做法在日益强调对人保护的社会环境下受到学者的批判。在我国 2017 年制定的《民法总则》中对其进行了根本改变，其第 16 条明确规定："涉及遗产继承、接受赠与等胎儿利益保护的，胎儿视为具有民事权利能力。但是胎儿娩出时为死体的，其民事权利能力自始不存在。"即采取了总括保护主义的模式，并采纳了法定解除条件学说。《民法典》延续了我国原《民法总则》的做法。

对胎儿利益的保护实际上是对人的前置性保护。随着社会的发展，其意义越来越重大，必要性更加明显。一是人口出生率的下降。目前世界上的总人口虽然呈增长态势，但是增长率却呈下降趋势，人口老龄化问题严重。通过对胎儿利益的保护，可以鼓励生育，促进人口增长。人永远是社会中处于第一位的主体。二是胎儿死亡率的下降。随着医疗水平的提高，胎儿死亡率极低，新出生的婴幼儿的死亡率同样极低。也就是说，胎儿正常发育、与母体分离并存活的概率是非常高的。因此，保护胎儿的利益就存在现实性。我国《民法典》第 16 条明确规定："涉及遗产继承、接受赠与等胎儿利益保护的，胎儿视为具有民事权利能力。但是，胎儿娩出时为死体的，其民事权利能力自始不存在。"民法中的这一规定既具有道德性，也符合时代发展的需要。

在涉及胎儿利益保护时，要满足两点基本的要求，一是胎儿娩出时为活体，即符合自然人出生的判断标准，如果娩出时为死体的，其权利能力自始不存在，即法定解除条件的成就。二是在产生相关利益纠纷时胎儿已经形成。如果是在相关权益纠纷发生后胎儿才形成的，此时不涉及胎儿利益的保护问题。例如，在赵朝军等与陈殿卿等提供劳务者受害责任纠纷上诉案〔1〕中，法院在认定涉案事故发生之时尚不存在的胎儿是否应认定为被扶养人之一的问题时，做出以下判断：经查，该胎儿于 2018 年 1 月 22 日出生，取名寇兮然。依常理可推定，在 2016 年 12 月 29 日涉案事故发生时，寇浚涛之妻尚未怀孕，即寇兮然在涉案事故发生时尚未形成为胎儿。依据《中华人民共和国民法通则》第 9 条关于"公民从出生时起到死亡时止，具有民事权利能力，依法享有民事权利，承担民事义务"之规定，寇兮然在寇浚涛身体受到伤害时并未形成民事权利主体能力，当然不能成为寇浚涛受到人身损害时的法定被扶养人。因此，赵朝军关于涉案事故发生之时尚不存在的胎儿不应认定为寇浚涛的被扶养人的上诉理由成立，本院予以支持。虽然《民法典》明确提出的涉及胎儿利益的事项为遗产继承、接受赠与，但是"等"字的使用也表明，在《民法典》中关

〔1〕 参见河南省平顶山市中级人民法院（2018）豫 04 民终 1285 号民事判决书。

于胎儿利益的事项之范围是采取列举和概括相结合的方式确定的，涉及胎儿利益的事项并不局限于这两项，还包括人身损害赔偿、抚养费的给付等方面。可以说，民法中对胎儿利益的保护并没有界限，只要是正当利益均受保护，此为总括保护主义立法的应有之义。

保护尚未出生的胎儿的利益不仅仅是一个法律问题，更是一个伦理问题。对胎儿利益的保护，是民法富有怜悯心和博爱精神的直接体现。

（二）自然人的死亡

虽然死亡是最能引起人情感痛苦的因素，但是在民法中它仅仅作为一项民事法律事实存在。民法仅将其作为一个冷冰冰的法律事实看待，这是多么冷酷啊！这不是与民法以人为本的精神相悖吗？非也！死亡是任何人都不能摆脱的宿命，是任何人都必须面对的现实，在民法中明确规定死亡问题，恰恰表明了民法的真实。民法是真实的，民法中的状态并不是理想，而是对社会生活的真实反映；民法中以人为本是现实的而不是不可捉摸的理想，民法中的规定如果不符合自然人在社会中的现实，如果不是客观的自然人在社会中的整个过程，又如何谈得上是以人为本呢？

死亡的法律后果就是直接引起民事法律关系的产生、变更和消灭，其中受影响最大的当然就是死者自己，因其本人的死亡导致民事权利能力的丧失，直接导致其生命权、健康权、肖像权等人格权和配偶权、亲权等身份权的消灭，也引起了其所有权等财产权利的消灭。一个原先拥有亿万家财、和睦家庭、体贴配偶、慈祥父母、孝顺子女的人，在其死亡后，一切都没有了，而且是同时丧失，包括他自己在法律上的主体资格——

民事权利能力亦同时消灭。由此可见，在民法中明确死亡的判断标准有多么重要。

但是对于什么是死亡，在民法中并没有明确的界定。根据《民法典》第 13 条规定："自然人从出生时起到死亡时止，具有民事权利能力，依法享有民事权利，承担民事义务。"因此如何科学合理地确定死亡的判断标准就显得十分重要。

要确立死亡的判断标准必须坚持以人为本的基本思想，即将行将逝去的人的利益放在第一位，而不是将与其有利害关系的人的利益放在第一位，这就要求死亡判断标准的确立必须是死亡概率是最高的，再逆转而活的概率是最低的，这与出生的判断标准要求生的概率是最高而死亡的概率是最低的正好相反。因为一旦判断某人在法律上死亡了，其立即就"倾家荡产"了，影响是极其重大的。

民法中的死亡分为自然死亡与宣告死亡。

第一，自然死亡是自然人生命的自然终结。目前在民法中并没有明确自然死亡的标准，在理论上存在呼吸停止说、脉搏停止说、瞳孔放大说、心跳停止说和脑死亡说等不同学说。虽然是否死亡并不是民法能解决的问题，但是死亡在民法上能产生非常重要的后果，故民法所适用的死亡标准应当是医学上最具有科学性的标准。目前大多数医学专家认为采用脑死亡标准比较科学，这也成为多数法学专家的共识。《民法典》中规定自然人的民事权利能力到死亡时止，继承法中也规定继承从被继承人死亡时开始，因此确定自然人生理死亡的时间意义重大。我国《民法典》第 15 条对生理死亡时间的证明规则作出了规定："自然人的出生时间和死亡时间，以出生证明、死亡证明记载的时间为准；没有出生证明、死亡证明的，以户籍登记或者其他有效身份登记记载的时间为准。有其他证据足以推翻以上记载时间的，以该证据证明的时间为准。”从该规定可以看出，其对于自然人死亡时间之确定性的要求是相当高的，总体上是坚持可证明的客观性标准。因为死亡对自然人的影响巨大，在法律上的要求自然较高，充分体现了民法在涉及自然人利益的问题上的态度，也反映了民法对自然人的重视。

在特殊情况下如果数人在同一事件中死亡的，可能难以确定每个人的死亡时间顺序。为解决这一问题，《民法典》第1121条规定：“继承从被继承人死亡时开始。相互有继承关系的数人在同一事件中死亡，难以确定死亡时间的，推定没有其他继承人的人先死亡。都有其他继承人，辈份不同的，推定长辈先死亡；辈份相同的，推定同时死亡，相互不发生继承。”该规定解决了在不能客观确定自然人死亡时间的情况下的认定规则。民事法律的首要任务是解决纠纷，只是需要在解决纠纷的过程中实现公平和正义。如果多个有利害关系的自然人在同一事件中死亡而不能确定其死亡顺序的情况下，法律必须设计具有合理性的规则作为解决纠纷的依据，否则就不能实现法律定分止争的作用。该规定对于无法客观确定相互有利害关系的自然人在同一事件中死亡而死亡时间不能确定的情况下具有重要意义，也具有合理性。

第二，宣告死亡是指自然人下落不明达到法定期限，经利害关系人申请，人民法院经过法定程序在法律上推定失踪人死亡的一项制度。[1]宣告死亡是根据自然人下落不明这一客观事实，在自然人客观死亡与否不确定的情况下，推定自然人在

〔1〕 王利明：《民法总则》，中国人民大学出版社2017年版，第139页。

法律上死亡的民事法律制度。由于宣告死亡仅仅是根据失踪这一客观事实推导出来的法律事实，可能出现一个自然人法律上死亡而事实上存活的现象。此外，就被宣告死亡的人在法律上究竟是被“视为死亡”还是被“推定死亡”，主要存在两种做法：一种是采取拟制主义的立法，即将被宣告死亡人“视为死亡”，如日本民法的规定；另一种是将失踪人的死亡是基于失踪的法律事实而作出的推定，如德国的民事立法。这两种立法的主要不同在于“视为”与“推定”的区别。在民法上，“视为”与“推定”被明确地区分开来，推定是指在法律上暂时处理，如果能举出反证，则该推定被推翻；而视为是指法律作出此决定，即依据法律事实的拟制，所以即便实际事实与法律事实相悖，非经该决定本身的撤销程序，“拟制”不得被推翻〔1〕。我国《民法典》第46条开始至第53条结束，都是关于宣告死亡的规定，但是并没有理论上所谓的“视为”与“推定”的明确规定。〔2〕根据学者的研究，认为我国民法中宣告死亡对于失踪人而言是“推定其死亡”。〔3〕故《民法典》第50条规定：“被宣告死亡的人重新出现，经本人或者利害关系人申请，人民法院应当撤销死亡宣告。”

---

〔1〕［日］近江幸治：《民法讲义Ⅰ：民法总则》（第6版补订），渠涛等译，北京大学出版社2015年版，第71页；李锡鹤：《民法原理论稿》（第二版），法律出版社2012年版，第690页。

〔2〕我国《民法典》第48条规定：“被宣告死亡的人，人民法院宣告死亡的判决作出之日视为其死亡的日期；因意外事件下落不明宣告死亡的，意外事件发生之日视为其死亡的日期。”由此可以看出，《民法典》中的该规定与“视为”和“推定”无关，只是表明了死亡的日期而已。

〔3〕参见王利明：《民法总则》，中国人民大学出版社2017年版，第143页；杨立新主编：《中华人民共和国民法总则要义与案例解读》，中国法制出版社2017年版，第183页。

通过宣告死亡制度可以达到如下法律目的：一是通过宣告失踪人死亡，解决失踪人因生死不明而引起的人身关系的不确定性，从而维护确定的利害关系人的人身权益。例如，宣告死亡后，婚姻关系自动消灭，失踪人的配偶重新获得缔结新婚姻关系的自由。二是通过宣告失踪人死亡，解决失踪人因生死不明而引起的财产关系的不确定性，促进失踪人财产的流转，物尽其用，使其发挥更大价值。在失踪人被宣告死亡后，其财产就转化成遗产，该还债的还债，该继承的继承，成为他人所有权的客体，才能发挥更大的作用。

因此，宣告死亡制度系为了结长期失踪人遗留之法律关系、重点保护生存者利益及社会秩序所设，故立法应采取决然之立场，即确定宣告死亡发生与自然死亡相同之法律效果，失踪人之权利能力和行为能力归于消灭，宣告死亡的法律效力及于失踪人所涉之一切民事法律关系。〔1〕

根据法律规定，宣告死亡的法律效果主要有：首先，在人身权利方面，被宣告死亡人与其配偶的婚姻关系自死亡宣告之日起自动消灭，其子女如果被他人依法收养，即使被宣告死亡人再出现也不影响收养关系的效力。〔2〕其次，在财产权利方面，继承从被继承人生理死亡或被宣告死亡时开始。失踪人被宣告死亡的，以法院判决中确定的失踪人的死亡日期为继承开始的时间。继承人以所得遗产实际价值为限清偿被继承人依法

---

〔1〕尹田：《民法典总则之理论与立法研究》，法律出版社2010年版，第264页。

〔2〕《民法典》第51条规定："被宣告死亡的人的婚姻关系，自死亡宣告之日起消除……"第52条规定："被宣告死亡的人在被宣告死亡期间，其子女被他人依法收养的，在死亡宣告被撤销后，不得以未经本人同意为由主张收养行为无效。"

应当缴纳的税款和债务。超过遗产实际价值部分，继承人自愿偿还的不在此限。继承人放弃继承的，对被继承人依法应当缴纳的税款和债务可以不负清偿责任。

虽然多数人认为宣告死亡与自然死亡产生同样的法律后果，但是这并不是说宣告死亡就等于自然死亡。宣告死亡毕竟只是基于失踪的事实而作出的法律上的拟制死亡，是为了维护利害关系人的利益，结束被宣告人与其利害关系人之间的长期不确定的法律关系而进行的一种法律推定，事实上该失踪人的生命并不一定终结。其与自然死亡产生的法律效果之间依然在很大程度上存在着不同。主要表现在：一是对被宣告死亡人自身而言，权利能力和行为能力之丧失存在不确定性，而自然死亡人之权利能力和行为能力的丧失具有确定性。《民法典》第 49 条规定："自然人被宣告死亡但是并未死亡的，不影响该自然人在被宣告死亡期间实施的民事法律行为的效力。"二是对利害关系人而言，其因被申请人宣告死亡而获得的利益不具有终局确定性，而基于他人自然死亡而获得利益的人对其获得的利益之享有具有终局的确定性。根据《民法典》第 53 条的规定，被撤销死亡宣告的人有权请求依继承制度取得其财产的民事主体返还财产；无法返还的，应当给予适当补偿。利害关系人隐瞒真实情况，致使他人被宣告死亡而取得其财产的，除应当返还财产外，还应当对由此造成的损失承担赔偿责任。由此可知，利害关系人因被申请人宣告死亡而获得的利益不具有终局的确定性，是否能够最终取得利益，取决于被宣告人是否被申请撤销死亡宣告。如果被宣告人申请撤销死亡宣告，利害关系人基于宣告死亡所获得的利益应当原物返还或者进行补偿；如果被宣告人没有申请撤销死亡宣告，利害关系人才能永久性地取得其基于宣告死亡而获得的财产的所有权。但是自然人自然死亡而取得其财产则具有确定的结果。依据《民法典》第230条规定："因继承取得物权的，自继承开始时发生效力。"无人继承又无人受遗赠的遗产，归国家所有，用于公益事业；死者生前是集体所有制组织成员的，归所在集体所有制组织所有。由上述规定可以看出，基于被继承人自然死亡后产生的财产归属具有终局的确定性。

由于宣告死亡只是一种法律推定，完全可以通过反证的方法推翻，即当被宣告死亡的人重新出现或者有人确知他没有死亡时，经本人或利害关系人申请，人民法院应当撤销对他的死亡宣告。宣告死亡被撤销后对原婚姻关系的影响，各国的立法不同。例如，根据《法国民法典》第132条的规定，即使宣告失踪人的判决已被撤销，失踪人的婚姻仍然解除。[1]根据《意大利民法典》第65条的规定，宣告推定死亡的判决至执行时，配偶得另行约定婚姻。该法第68条规定，依第65条的规范约定的婚姻，于受推定死亡宣告的人归还或者其生存被确认时无效。[2]我国《民法典》第51条规定："被宣告死亡的人的婚姻关系，自死亡宣告之日起消除。死亡宣告被撤销的，婚姻关系自撤销死亡宣告之日起自行恢复。但是，其配偶再婚或者向婚姻登记机关书面声明不愿意恢复的除外。"该规定一方面赋予了当事人完全的婚姻自由——自主决定选择婚姻关系的存亡，自动恢复是当然的法律效果，向婚姻登记机关书面声明不愿恢复是例外，也是自由的选项；另一方面又极大地提高了效率——自动恢复而不是需要当事人重新办理婚姻登记。

---

〔1〕 罗结珍译：《法国民法典》（上册），法律出版社2005年版。

〔2〕 陈国柱译：《意大利民法典》，中国人民大学出版社2010年版。

宣告死亡被撤销后，对于原先基于自然人被宣告死亡而引起的财产关系也会产生重要影响。根据《民法典》的规定，被撤销死亡宣告的人有权请求返还财产。依照继承法取得他的财产的公民或者组织，应当返还原物；原物已不存在的，给予适当补偿。虽然被撤销死亡宣告的人可以要求依照继承法取得其财产的人返还财产，但是由于在法律中未对基于宣告死亡继承被宣告死亡人财产的继承人对所继承的“遗产”的处分进行合理限制，在继承人对所继承的财产迅速处分的情况下，返还即不可能，只能转化为给予适当补偿。而“适当”本身是一个不确定性的判断，明显是不充分的，故对被撤销死亡宣告人明显不利。从民法以人为本的观念出发，非常有必要对于他人被宣告死亡这一事实所继承财产的处分进行必要的限制。其他国家的相关立法可供我们借鉴，如《西班牙民法典》第 196 条、第 197 条规定，宣告死亡后的五年内，继承人不能自由支配死者的财产；宣告死亡后的五年内不得向受遗赠人交付遗赠，受遗赠人也无权要求得到遗赠除非是基于慈善机构利益进行的遗赠。在死亡宣告撤销后，此人将全部收回其财产并有权得到其财产被出售的价金等。〔1〕根据此种规定，在产生遗产继承后，继承人对所继承的遗产的处分权有法定限制期，这样的做法更有利于在宣告死亡撤销后维护被宣告死亡者的利益。

我国《民法典》第 52 条规定：“被宣告死亡的人在被宣告死亡期间，其子女被他人依法收养的，在死亡宣告被撤销后，不得以未经本人同意为由主张收养行为无效。”基于该规定，我们认为，其一，宣告死亡撤销以后，对收养关系的效力

〔1〕 潘灯、马琴译：《西班牙民法典》，中国政法大学出版社 2013 年版。

不产生当然的影响，收养关系更不能因为被宣告死亡者主张无效而被认定为无效。收养行为作为一项要式民事法律行为，应当根据法律的规定判断，在主体适格、意思表示真实、不违反法律的强制性规定和形式合法时收养关系的效力就能产生。根据我国《民法典》第 1114 条的规定，“收养人在被收养人成年以前，不得解除收养关系，但是收养人、送养人双方协议解除的除外。养子女八周岁以上的，应当征得本人同意。收养人不履行抚养义务，有虐待、遗弃等侵害未成年养子女合法权益行为的，送养人有权要求解除养父母与养子女间的收养关系。送养人、收养人不能达成解除收养关系协议的，可以向人民法院提起诉讼。”其二，在被撤销死亡宣告的人有证据证明收养关系存在其他违反法律规定的情况下可以主张收养关系无效，如收养人不具有相应的民事行为能力、违反法律的强制性规定等。不管是基于何种原因，只要收养人、送养人和被收养人三方同意解除收养关系，或者由人民法院判定收养关系无效，被收养人与被撤销死亡宣告者之间的父母与子女间的权利与义务关系自动恢复。即使被撤销死亡宣告人此时是无民事行为能力人或者限制民事行为能力人亦无影响。

二、民法与自然人的生存

生存是指保持生命持续存在的状态。为了维持生命的持续性，还需要很多外在的支持。随着社会的发展，人对自身的认识不断提高，生存的内涵也发生了变化，因此自然人生存的内涵是一个发展的过程，与社会的发展和人的教育状况有关系。在生产力低下时，生存是保持生命的持续即可；在生产力越来越发达、社会物质财富越来越丰富、人的教育水平越来越高的社会环境下，自然人的生存就发展到了在保持生命持续的基础上，一同实现精神利益的需要，如名誉、荣誉、精神愉悦和个人自由等。生命的持续和精神利益的享有二者合在一起构成自然人生存的内涵。良好的身体健康状况、必要的物质供给、具有一定的知识和较丰富的精神利益等是支持现在社会高度发达环境下自然人生存的基础。因为现在的生存，已不仅仅是"活着"这么简单的要求了，而是"有质量地活着"。民法在维护自然人生存方面所发挥的重要作用，一方面使人的生命得以延续，保护使生命延续所必需的健康和财产等，另一方面是维护自然人的精神利益，使自然人活得有尊严。从此角度观察民法以人为核心的制度设计，与亚伯拉罕·马斯洛在《动机与人格》中所提出的人的需求层次理论有密切的关系，民法也是从低到高一步步满足人的不同层次需求的基本制度。

（一）人的需求层次与民法的价值追求

人具有生命，但生命并不为人类所独有，故生命并不是人与其他生物的根本区别。关键在于人并不仅仅围绕维持生命而努力，人维持生命只是为了开展其他活动。而除人以外的生物由于其不存在理性，没有思想，其终身的努力只是维持生存，繁衍后代，不存在除保持活着以外的其他需求。作为万物之灵的自然人，基于其理性的存在，在生存的基础上还有很多其他方面的具有层次的需求，而这是其他生物所不具有的特征。

多面性和层次性的需求是人的理性的体现。民法对自然人的保护就是在保证自然人生存的基础上进一步保障自然人的其他需求得以实现，从而实现人的真正自由。

人本主义心理学大师马斯洛在其著作《动机与人格》中提出，人的需要是有层次的。他认为，人基本需要的层次可分为五级，从低级到高级依次是生理需要、安全需要、归属和爱的需要、自尊需要和自我实现的需要。而基本需要的满足有一些直接的先决条件，包括在无损于他人的前提下的言论自由、行动自由、表达自由、调查研究的自由、寻求信息的自由、防御自由以及集体中的正义、公平、诚实、秩序等。[1]而民法的基本特征之一就是以人为本。民法是如何实现以人为本的呢？笔者认为，民法的以人为本并不是表现在民法中的基本法律制度是以权利为核心构建的，这只是表象。以人为本的根本是在民法中所有规定的民事权利均是构建在自然人的需要之上，是为了实现自然人基本需要的制度保障。自此观察，民法中的以人为本与人本主义心理学中的以人为本存在的共同之处都是为维护人的生存与发展，实现人真正的自由。

生理需要主要是维持自然人生存的基本需要，包括对食物、睡眠等方面的需要。从自然人生存的需要来看，其维持基本生存的需要内容可以任意增大或者缩小，似乎不可能也没有必要罗列出基本的生理需要。[2]民法在维护满足人的基本需要方面的基本功能就是通过明确规定人的基本民事权利来实现的。例如，民法监护制度中，很重要的内容就是由监护人给予被监护人基本物质财富的供给；赡养制度中，赡养义务人很重要的义务内容就是向被赡养人给付赡养费用；在财产所有权中就必然包含所有权人对其享有所有权的财产的使用权利，通过对财产的使用满足自己的生存需要。因此，民法以人为本首先

〔1〕［美］亚伯拉罕·马斯洛：《动机与人格》（第三版），许金声等译，中国人民大学出版社 2013 年版，第 25 页。

〔2〕［美］亚伯拉罕·马斯洛：《动机与人格》（第三版），许金声等译，中国人民大学出版社 2013 年版，第 16 页。

表现在通过基本的民事法律制度使每一个自然人能够获得满足其生理需要的物质财富。因为生理需要的满足在维护自然人生存的过程中发挥着直接的作用，也是最基础的作用。

如果生理需要相对充分地得到了满足，接着就会出现一整套新的需要，我们可以把它们大致归纳为安全类型的需要（安全，稳定，依赖，保护，免受恐吓、焦躁和混乱的折磨，对体制的需要，对秩序的需要，对法律的需要，对界限的需要以及对保护者实力的需要等）。〔1〕在基本的生理需要不能得到满足的情况下，人就可能忽视甚至放弃安全需要。如一个人在缺乏维持生存的基本食物供给的情况下，就可能采取盗窃、抢夺等方式实现食物的供给，从而忽视违法行为给自己造成的后果。这一不法行为会产生两方面的不安全后果：一是使行为人自身处于不安全的境地，二是使相对人处于不安全的境地。对于任何解决了自己基本生理需要的人而言，如何使自己辛苦所得的财产得到切实的保护而不受侵害、使自己的人身权利不受侵害等是一个非常紧迫的需要，即为安全的需要，进而产生了对良好法律制度的需要、对良好的社会秩序的需要等，这也是安全需要。民法在满足人的安全需要方面所发挥的作用主要是通过强调权利的不可侵犯性和民事责任制度实现的。如在我国《民法典》物权编中规定了所有权的平等保护制度和禁止任何人对物权的侵犯，在侵权责任编中明确规定了各种侵权责任，等等。除此以外，我国《民法典》中的公序良俗原则也在很大程度上满足了人们对良好社会秩序的需要。

如果生理需要和安全需要都得到了满足，归属和爱的需要

---

〔1〕［美］亚伯拉罕·马斯洛：《动机与人格》（第三版），许金声等译，中国人民大学出版社2013年版，第18页。

就会产生，并且以此为中心，重复着已描述过的整个环节。对爱的需要包括情感的付出和接受。如果归属和爱的需要不能得到满足，个人会非常强烈地感受到缺乏朋友、心爱的人、配偶或孩子。这样的一个人会渴望同人们建立一种关系，渴望在他的团体和家庭中有一个位置，他将为达到这个目标而努力。〔1〕归属和爱的需要反映的根本问题就是人不是孤立地存在于自然中，而是社会的人，人必然要过社会生活，要融入整个社会之中。情感的寄托和他人的认可是归属和爱的需要的基本内容。在这方面民法能发挥巨大作用，也发挥了巨大作用。作为私法的民法，"自治"是其基本思想，给予了自然人寻找志同道合者的无限空间。与他人所建立的每一个法律关系就表明自己已经获得了相对人的认可，这首先就是道德上的依赖。具体而言，我国《民法典》中的契约自由原则、婚姻自由原则等无不是满足每一个自然人寻找归属和爱的需要的制度保障。

根据马斯洛的看法，除少数病态的人之外，社会上所有的人都有一种获得对自己的稳定的、牢固不变的、通常较高的评价的需要或欲望，即一种对于自尊、自重和来自他人的尊重的需要或欲望。这种需要可以分为两类：其一，对实力、成就、权能、优势、胜任以及面对世界时的自信、独立和自由等的欲望。其二，对名誉或威信（来自他人对自己的尊敬或尊重）的欲望，对地位、声望、荣誉、支配、公认、注意、重要性、高贵或赞赏等的欲望。自尊需要的满足引发一种自信的感情，使人觉得自己在这个世界上是有价值、有力量、有位置、有用处和必不可少的。然而这些需要一旦受到挫折，就会产生自

〔1〕［美］亚伯拉罕·马斯洛：《动机与人格》（第三版），许金声等译，中国人民大学出版社 2013 年版，第 22 页。

卑、弱小以及无能的感觉。[1]民法在维护人的自尊需要方面所发挥的作用依然是通过两方面的制度实现的：一是对权利的确认和推定。在民法中每一个自然人均有尊严，民法推定每一个自然人均拥有良好的名誉，二者是绝对不受侵犯的。在没有确切相反证据的情况下，推定每一个自然人所获得的财产均为正当获得，是其基于自己的能力获得，使其基于自己的能力和财产获得精神利益上的满足。二是对不法侵害行为的禁止和对加害人的制裁。民法中规定自然人的人格尊严不受侵犯，禁止侵害他人的名誉权、荣誉权等人格利益，禁止侵害他人权益。

自我实现指的是人对于自我发挥和自我完成的欲望，也就是一种使人的潜力得以实现的倾向。这种倾向可以看作是一个人越来越成为独特的那个人，成为他所能够成为的一切。[2]人的自我实现只能是在社会中完成，民法中所规定的人本身就是社会中的人，是与他人建立民事法律关系的人，二者之间存在天然的共同性。可以说，自然人自我实现的最基本法律环境就是民事法律环境。民法中保护自然人自我实现的基本法律制度就是自由原则。自由原则是民法的基本原则，正是在自由原则的保护之下，每一个自然人都可以通过自己的努力成为自己心中想成为的那个独特的人，设立市场经营主体通过经营活动创造财富、通过与他人自由缔结婚姻关系实现个人生活追求、通过创作展现自己的思想、通过慷慨捐赠行为和紧急救助行为等体现自身价值、树立自己的良好名誉等。所有这些自我实现

---

〔1〕［美］亚伯拉罕·马斯洛：《动机与人格》（第三版），许金声等译，中国人民大学出版社 2013 年版，第 24 页。

〔2〕［美］亚伯拉罕·马斯洛：《动机与人格》（第三版），许金声等译，中国人民大学出版社 2013 年版，第 24 页。

的途径均是在民法对个人基本民事权益保护的基础上发展而来的，是对个人需要层次的依次满足。当然，在满足这一需要所采取的方式上，人与人是大不相同的。〔1〕为了满足每一个个人实现自我方式上的差异性，民法中存在一个基本的法律制度——民事法律行为。可以说，民事法律行为制度就是自然人自我实现的具体方式。民事法律行为是指民事主体基于意思表示与他人设立、变更、终止民事权利义务关系的行为。民事法律行为在结果上是使民事法律关系发生演变，但是所有的演变均是基于当事人的意思自由产生，即基于当事人的追求而产生相应的结果。你想成为什么样的人，你追求什么样的结果，基于民事法律行为就会产生什么样的结果并获得法律的认可，这就是民事法律行为的价值，这就是民事法律行为在自然人自我实现中的保障作用。〔2〕

综上所述，民法以人为本的基本思想体现在，民法中的基本民事法律制度设计都是与人的五个需要层次有直接联系的。民法首先解决的就是人的存在的需要，是将维护人的基本需要——生存放在第一位；在关注人在社会中的行为时更加注重激励机制所发挥的作用，就是在实践着人本主义心理学的基本宗旨——创建一个积极、全面的人，并使其在社会中通过自我实现体现出其应有的价值。

---

〔1〕［美］亚伯拉罕·马斯洛：《动机与人格》（第三版），许金声等译，中国人民大学出版社 2013 年版，第 24 页。

〔2〕当然也存在一些当事人所追求的民事法律行为效果不为法律所认可的现象，如无效民事法律行为。一般认为，无效民事法律行为之效果不会成为任何个人所追求的自我实现的体现。个人的自我实现只能通过合法的结果体现出来。

（二）民法保护自然人生存权的制度设计

生存需要是自然人的第一需要，维护自然人生存权自然就成为民法的第一价值。

人身权和财产权是维持自然人在社会上存在的基础，与自然人绝对不可分离，因而在民法中人身权和财产权构成民事权利体系中的主轴，对人身权和财产权的保护也当然成为民法的首要任务。这就决定了保护合法民事权益的原则在民法基本原则体系中的首要位置。我国《民法典》第 3 条明确规定："民事主体的人身权利、财产权利以及其他合法权益受法律保护，任何组织或者个人不得侵犯。"〔1〕

"人"这一个汉字虽然笔画简略，但是内含丰富，可以从不同的角度进行解释。首先可以理解成人的社会属性方面的相互依存。只有两笔相互依靠着，"人"字才能成立，从而理解成在社会中一个人孤立存在是不行的，相互依靠着方能生存与发展，这反映了人的社会属性；也可以理解成人应当具有的道德品格，只有站立着的"人"才是人，因而人在社会上的存在必须是有骨气的存在，有正气的存在，否则就枉为人了。这些角度的理解在民法中也有相应的制度反映，如个人的发展本质上就是与他人建立民事法律关系，在个人与他人建立民事法

---

〔1〕 我国《民法典》第 1 条的内容是："为了保护民事主体的合法权益，调整民事关系，维护社会和经济秩序，适应中国特色社会主义发展要求，弘扬社会主义核心价值观，根据宪法，制定本法。"表明了民法典制定的目的和依据；第 2 条的内容是："民法调整平等主体的自然人、法人和非法人组织之间的人身关系和财产关系。"明确了民法典的调整对象；第 3 条规定的就是保护合法民事权益的原则，将其置于其他原则之前，虽然有人将诚实信用原则作为民法中的"帝王规则"看待，但是从其所处的法律位置而言，仍是处于保护合法民事权益原则之下的。

律关系时应当坚持诚实信用的基本要求，应当遵守公序良俗的基本要求等，其中涉及人相互依存的社会属性，也必须考虑到品格上的基本要求。

如果从民法维护自然人生存的角度观察，“人”字的两笔分别就是“人身权”和“财产权”，其中的“撇”是作为人身权看待，其中的“捺”是作为财产权看待。离开了其中的任何一笔，也就是离开了其中任何一类民事权利，就不能成为民法中的人了。民法对人身权和财产权的保护本质上就是对一个完整的人的保护，它是通过维护人的基本生存，通过对人的激励，给予自然人在社会中自我实现的法律空间，最终保障人在社会中的自我实现，即人需要层次的最高阶段。

人身权是指自然人对其身体利益所享有的权利，包括人格权和身份权。人格权是指以主体依法固有的人格利益为客体，以维护和实现人格平等、人格尊严、人身自由为目的的权利，包括生命权、身体权、健康权、姓名权、名称权、肖像权、名誉权、隐私权、婚姻自主权等权利。[1]《民法典》第 109 条明确规定：“自然人的人身自由、人格尊严受法律保护。”第 110 条第 1 款规定：“自然人享有生命权、身体权、健康权、姓名权、肖像权、名誉权、荣誉权、隐私权、婚姻自主权等权利。”身份权是指法律所保护的基于民事主体某种行为、关系所产生的与其身份有关的人身权利。[2]《民法典》第 112 条规定：“自然人因婚姻家庭关系等产生的人身权利受法律保护。”其中的人身权利主要是指身份权。具体的身份权指亲权、配偶

---

〔1〕 王利明：《民法总则》，中国人民大学出版社 2017 年版，第 252 页。

〔2〕 杨立新：《人身权法论》（修订版），人民法院出版社 2002 年版，第 105 页。

权、著作权中的署名权等。在人格权与身份权的关系上，人格权又处于基础地位，因为人格权直接决定了一个主体的主体资格，决定了自然人能否取得民法中主体的地位，而身份权本身是在主体享有法律人格后在特定的关系中才具有的权利，在某种程度上看只能是人格权的延伸。事实上很多自然人主体不一定享有身份权，不享有身份权也不影响自然人的民事主体资格。

人身权特别是人格权对于自然人而言具有固有性、不可分性等基本特征，人格权中的生命权是决定自然人能否成为一个人的基本事实基础。与财产性权利相比，人身权是处于第一位的。对自然人人身权的保护是民法的第一使命，是民法以人为本的根本体现。《民法典》第 2 条规定："民法调整平等主体的自然人、法人和非法人组织之间的人身关系和财产关系。"相对于我国原《民法通则》的规定，将人身关系置于财产关系之前，就是这一思想的具体体现。而财产权与人身权具有内在不可分性，是人得以生存的物质基础，对自然人财产权的侵害在一定程度上也影响其生存权。

财产权是民事主体对财产利益所享有的权利，根据财产利益的表现又可以分为物权、债权等具体的财产权类型。《民法典》第 113 条规定："民事主体的财产权利受法律平等保护。"第 114 条规定："民事主体依法享有物权。物权是权利人依法对特定的物享有直接支配和排他的权利，包括所有权、用益物权和担保物权。"

从外在看，财产权存在于人身体之外，与人身体相分离，但是从维护人的生存上看与人是不能分离的，二者具有内在的不可分性。我们难以想象一个没有财产支撑的自然人的生存状态。财产与人内在的不可分性体现在四个方面：一是人的生命健康的持续与财产的支撑不可分。生命和健康是人生存的生物学基础，而生命和健康的保有与财产的供给不可分。在人的生存过程中，衣、食、住等方面的满足，都是财产特别是物的使用价值的体现，是物的使用价值对人的满足的结果。任何衣不蔽体、食不果腹、风餐露宿的人，不可能保有健康的身体和高质量的生命。二是财产权利对人身权利的救济作用。在一个充满风险的社会中，生命权和健康权等基本人格权受到损害是不可预见的，其当然也不具有永久性。该损害可能是来自外部，如他人的侵害，也可能来自自身衰老、疾病等不可抗拒的原因。在维护人生存的基本人格权受到损害的情况下，如何给予救济使人生存得以延续，使受损的生命、健康得以恢复呢？此时财产对人格权的救济作用得以彰显。良好的饮食、良好的治疗甚至是通过重要器官的移植等方法，在一定程度上可以使受到损害的人身权利得以恢复或者是一定程度的延续。这是财产权对人身权的反作用。三是财产权利对人身权利的扩张作用，特别是对于财产权利享有者的无形精神利益的扩张作用。根据人本主义心理学的研究，人的需要具有层次性，自尊需要是较高层次的需要。除少数“病态”的人士之外，社会上所有的人都有一种获得对自己的稳定的、牢固不变的、通常较高的评价的需要或欲望，即以一种对于自尊、自重和来自他人的需要或欲望。[1]财产权利在满足人的自尊需要方面能发挥巨大作用。现在财产日益成为评价一个人的重要标准，个人拥有的财产多少在很大程度上与个人获得的积极的社会评价具有密切的

---

〔1〕［美］亚伯拉罕·马斯洛：《动机与人格》（第三版），许金声等译，中国人民大学出版社2013年版，第23页。

联系，关系到个人的受尊重程度。同时财产的多少与财产的拥有者精神上的喜悦具有正相关的作用。积累满仓财富的人与举目望去家徒四壁的人精神上的喜悦当然不同。有了物质财富的支撑，可以获得更多的精神利益。旅游、度假、看展览、欣赏音乐会等都是单纯获得精神利益的活动，实质上是将物质利益满足效果转换为精神利益的需要。对于物质利益满足效果与精神利益需要的转化，一般情况下是对于那些财产积累程度较高的人方可实现。在信息通畅的时代，每一个人对精神利益的追求都到了前所未有的高度，对财产的需要也达到了前所未有的高度。人是一种不断有需求的动物，除极短暂的时间外，很少能达到完全满足的状态。一个欲望满足后，另一个迅速出现并取代它的位置。人总是在希望着什么，这是贯穿他一生的特点。〔1〕事实上，人们对物质财富的追求本身也包含了精神利益的满足作用。某人已经购买了一辆价值 10 万元的轿车，足以满足日常所需，在其财产能够支撑并且该车使用正常的情况下，又更换为一辆价值 60 万元的轿车。在满足其对物的效用需求方面并没有变化或者提升，但是通过车辆的更换，他的精神愉悦程度却得到了巨大的提升。四是财产的效用最终是对人的满足，这也是财产价值的体现。生活中财产的使用是对人需要的直接满足，生产中对财产的使用是对人需要的间接满足，其最终的价值仍不能脱离为人服务的目标。脱离了对人需要的满足，财产就失去了在法律上对其进行保护的意义。

（三）自然人生存的外在帮助

民法中作为自然人生存的物质基础的财产的获得，一般情

〔1〕［美］亚伯拉罕·马斯洛：《动机与人格》（第三版），许金声等译，中国人民大学出版社 2013 年版，第 7 页。

况下是依靠自然人自身取得，包括以事实行为取得，也包括以法律行为取得；对于取得的财产由权利人自身承担保护的义务。但是以事实行为取得，客观上要求自然人有取得财产的身体能力，过于年幼或者年老、疾病而丧失劳动能力者等不能取得财产；通过法律行为取得，在民法中对于自然人的行为能力有明确的要求，还存在其他外在不确定的影响因素；对于无民事行为能力人和限制民事行为能力人即使可以依法取得一定的财产，但是其缺乏保护财产的能力，在此情况下，如果在民法中不能解决他们所面临的财产困境，就不能反映出民法以人为本的思想，也必然损害民法在维护自然人生存方面所做的努力。为了全面反映出民法以人为本的精神，民法中创立了亲权、监护和抚养制度，赡养制度，扶养制度等，有效解决了无财产取得能力的自然人的生存问题。

1. 亲权、监护和抚养制度

亲权和监护都是民法中非常古老的制度，二者是有严格区别的。亲权是指父母对未成年人依法享有的保护其人身和财产利益的权利，监护权是对于不能得到亲权保护的未成年人以及其他无民事行为能力和限制民事行为能力人设定专人以管理和保护其人身和财产利益的法律制度〔1〕。亲权和监护权在内容上存在重叠之处，但是在权利行使的主体和权利行使的对象上存在明显的不同。一般认为，亲权的行使主体限于未成年人的父母，而监护权的行使主体是其父母以外的人，也可以包括组织体；从权利行使的对象上看，亲权的行使对象限于子女，而监护权行使的对象可以是任何丧失亲权保护的未成年人和其他

〔1〕 张俊浩主编：《民法学原理》，中国政法大学出版社 1991 年版，第 120—121 页。

丧失民事行为能力的自然人，包括成年人。

《民法典》第 26 条第 1 款规定：“父母对未成年子女负有抚养、教育和保护的义务。”该款规定的是父母与未成年子女之间的亲权法律关系。亲权是身份权，更多的是一种义务，主要表现为父母对未成年子女负有的义务。其中的抚养义务，虽然包含生活中的照顾，但最重要的还是生活中财产的供给。在众多的离婚诉讼中，即使不与子女共同生活的一方，仍然不能免除其负担抚养费的义务。实际上，不管是单纯的抚养费的负担，还是生活中的照顾、日常的教育和人身权利、财产权利的保护，无一不是着眼于未成年人的生存与发展。《民法典》中也规定，父母对子女有抚养教育的义务；父母不履行抚养义务的，未成年子女或者不能独立生活的成年子女，有要求父母给付抚养费的权利。通过在关系最亲近的人之间设计法定的权利义务关系，有效解决了利害关系人生存所需的物质财富供给问题，从而实现对其生存的保障。

对于未成年人，其父母已经死亡或者没有监护能力的，其生存所需的物质财富及人身和财产的保护义务由谁负担呢？民法对此亦有所应对。根据《民法典》第 27 条第 2 款规定：“未成年人的父母已经死亡或者没有监护能力的，由下列有监护能力的人按顺序担任监护人：（一）祖父母、外祖父母；（二）兄、姐；（三）其他愿意担任监护人的个人或者组织，但是须经未成年人住所地的居民委员会、村民委员会或者民政部门同意。”《民法典》第 1074 条第 1 款规定：“有负担能力的祖父母、外祖父母，对于父母已经死亡或者父母无力抚养的未成年孙子女、外孙子女，有抚养的义务。”由此可见，对于未成年人的保护，在民法中是给予了足够的重视，其中不仅考虑了现实状况，还考虑了意外因素的出现。总体上看，就是要确保未成年人在任何情况下都有监护人，在任何情况下都有人去承担对未成年人的人身权益和财产权益进行保护的职责，为其提供最基本的生存保障。总之，在民法中关于未成年人的生存问题是尽力予以制度性的保护。

对于无民事行为能力或者限制民事行为能力的成年人，为维护其利益，民法中也有充分的考虑，即为其安排了监护人对其人身权和财产权进行监督和保护。《民法典》第 28 条规定："无民事行为能力或者限制民事行为能力的成年人，由下列有监护能力的人按顺序担任监护人：（一）配偶；（二）父母、子女；（三）其他近亲属；（四）其他愿意担任监护人的个人或者组织，但是须经被监护人住所地的居民委员会、村民委员会或者民政部门同意。"根据法律的规定，依法具有监护资格的人之间可以协议确定监护人，协议确定监护人应当尊重被监护人的真实意愿。通过这种方法，让最有监护能力的人担任成年人的监护人方能实现对被监护人利益的最充分保护。

《民法典》第 34 条第 1 款规定："监护人的职责是代理被监护人实施民事法律行为，保护被监护人的人身权利、财产权利以及其他合法权益等。"监护是对无民事行为能力人和限制民事行为能力人的人身和财产进行监督和保护的制度。首先，监护的目的是对无民事行为能力人和限制民事行为能力人的人身和财产进行监督和保护，因为被监护人缺乏自我保护的实施能力；其次，监护是代理被监护人实施民事法律行为，因为被监护人缺乏民事行为能力，此时监护人也依法成为被监护人的法定代理人，在实现私法自治甚至扩充其意思自治方面发挥了巨大作用。民法中设立监护制度的目的与监护人本身的利益无关，所考虑的仅是被监护人的利益，是伦理因素在民法中的反映。因此，《民法典》第 35 条第 1 款规定："监护人应当按照最有利于被监护人的原则履行监护职责。监护人除为维护被监护人利益外，不得处分被监护人的财产。"第 37 条规定："依法负担被监护人抚养费、赡养费、扶养费的父母、子女、配偶等，被人民法院撤销监护人资格后，应当继续履行负担的义务。"通过民法中监护制度安排，有力地保护了无民事行为能力人和限制民事行为能力人的生存和发展问题。

2. 赡养制度

赡养是指成年子女对于年老、疾病或者丧失劳动能力的父母所依法负有的财产给付、精神慰藉、生活照料等方面的义务。随着社会保障的健全，过去因为年老、疾病、丧失劳动能力等导致生活中物质财产的缺乏的现象正在消失，被赡养人的需求正由物质财富的需求向精神利益的需求转化，赡养义务人所负有的义务内容也从物质财富的给付逐步向精神利益的给予转变。但是基于中国人口多、家庭财产整体上有限的现实，在一定时期内单纯追求精神利益给付的被赡养情况还不能成为普遍现象，特别是对于在广大农村生活的老人，物质财产的给付仍是赡养义务人所需要履行的主要义务，这直接关系到被赡养人的基本生存。因此，为了维护特定情况下父母生存所需要的物质基础之供给，《民法典》将子女对父母的赡养义务法定化，将其规定为成年子女对父母的一项法定之"债"，具有强制性。

根据《民法典》的规定，成年子女对父母负有赡养、扶助和保护的义务。成年子女不履行赡养义务的，缺乏劳动能力或者生活困难的父母，有要求成年子女给付赡养费的权利。从公平角度而言，成年子女对父母履行赡养义务也是公平原则的必然。在子女未成年之前，父母对子女负有抚养的义务，而子女对父母享有抚养请求权。该权利并不因父母的离异而消除，离婚后不抚养子女的一方仍然负有抚养费给付的义务。基于公平对等的原则，当子女成年而父母因年老、疾病等原因丧失生活所需的物质基础时，由子女负有赡养义务也是必然要求。《民法典》第 1069 条亦规定："……子女对父母的赡养义务，不因父母的婚姻关系变化而终止。"

既然《民法典》规定"有负担能力的祖父母、外祖父母，对于父母已经死亡或者父母无力抚养的未成年孙子女、外孙子女，有抚养的义务"，其再要求"有负担能力的孙子女、外孙子女，对于子女已经死亡或者子女无力赡养的祖父母、外祖父母，有赡养的义务"也当然是合理的、正当的。该规定的基本思想在于确保特定人员在丧失赖以生存的物质基础时由相关利害关系人提供物质供给以维护其生存权利。

3. 扶养制度

扶养制度是民法所确定的、在民事亲属法律关系中平等身份地位的主体之间依法所负有的在其他主体因特殊原因造成生活困难时给予一定物质财产帮助的义务。根据民法中身份关系的界定，平辈亲属关系主要包括两种情况：一是兄弟姐妹之间的平等身份关系，二是配偶之间的平等身份关系。在存在法定的身份关系时，一方在维护生存的基本财产需求方面存在需要时，可以依法向法定范围内的人主张扶养费的给付。

《民法典》第 1059 条规定："夫妻有相互扶养的义务。需要扶养的一方，在另一方不履行扶养义务时，有要求其给付扶养费的权利。"扶养义务与夫妻间的忠诚义务着眼点完全不同：忠诚义务着眼于精神道德层面，扶养义务着眼于物质层面，虽然扶养义务给付并不仅仅局限于扶养费的给付，但是扶养费的给付是其中最核心的内容。夫妻间的扶养义务之履行与夫妻间的财产所有制形式无关。即使在存在夫妻分别财产所有约定的情况下，相互之间仍存在扶养义务，一方仍可以向对方主张给付扶养费。

对未成年人赖以生存的基本物质财富的供给，主要义务人是其父母，主要是通过履行监护职责实现，但是当其父母已经死亡或者无力抚养时，该如何处理呢？《民法典》第 1075 条规定："有负担能力的兄、姐，对于父母已经死亡或者父母无力抚养的未成年弟、妹，有扶养的义务。由兄、姐扶养长大的有负担能力的弟、妹，对于缺乏劳动能力又缺乏生活来源的兄、姐，有扶养的义务。"当然，民法中保障丧失生存物质基础的自然人获得财产供给以维护其生存权利的制度的适用是有条件的。在不具备相应的条件时，国家也不会放任这些人的生死不顾，而是通过社会保障法等制度实现民法中的目的。

因为扶养费的给付与利害关系人的生存有直接的关系，也事关社会公序良俗，故其不受诉讼时效的限制。我国《民法典》第 196 条第 3 项明确规定，请求支付抚养费、赡养费或者扶养费的请求权不受诉讼时效的限制。

三、民法与自然人的发展

自然人的发展是自然人在社会中自我实现的过程。自然人没有发展就不可能自我实现。自然人作为民事主体的单纯存在，其意义仅存在于私法上，可能只是对相关自然人有一种精神上的利益，对社会而言并无积极意义，从某种意义上看还可能有消极的一面。人的价值只有在社会活动中才能真正体现出来。自然人的发展与社会的发展具有直接、不可分的关系，没有自然人的发展就不可能有社会的发展。无论社会中物质财富的发展还是精神财富的发展，都与自然人的发展紧密不可分，都是自然人发展的结果。因此，维护自然人的发展也是民法中的重要任务，也是民法社会化的重要内容。

（一）民事权利能力和民事行为能力是自然人发展的基础

民事权利能力是指自然人依法享有民事权利承担民事义务的资格。民事权利能力直接决定了自然人在民法上的主体资格，只有具有民事权利能力的自然人才能是民法中的主体，否则就不能是民法上的主体。因此，为了确保自然人在民法上作为主体而存在，《民法典》第 14 条规定："自然人的民事权利能力一律平等。"

平等不仅仅是民法中的一项基本原则，它已成为民法的信仰。自然人民事权利能力的平等是绝对的平等。"一律"的根本含义就是无任何条件，仅仅考虑到的是自然人的自然属性——有生命，与其年龄、民族、教育程度、财产状况等没有关系。产生一律平等的法律事实就只有一个——出生，导致一律平等丧失的原因就只有一个——死亡，除此以外，别无其余任何限制。[1]

自然人民事权利能力的平等性，就是自然人人格的平等，也是自然人在社会上平等的基础。自然人没有在民法上主体资格的一律平等性，就不可能在其他部门法中具有平等性，也不

---

〔1〕 基于国际交往中的惯例，不同国家的公民之间并不存在无国界的"一律平等"，一般情况下坚持的国民待遇原则与"一律平等"确实是存在差异的。这是为维护国家主权的必然要求，就其根本思想基础而言并不是民法上的问题。

可能在民事特别法中具有法律上的平等性。

但是我们要认识到，平等并不是结果上的平等，结果上的平等是平均，平等是指机会上的均等，是源头。社会上其他方面的平等都是以民事权利能力的平等为基础的。只有在社会上具有平等的机会，每一个自然人才会有发展的空间。

民事行为能力是自然人以自己的行为享受权利并承担义务的能力。自然人在社会上的发展，其根本途径是自己在社会上与他人进行各种合作，建立各种民事法律关系，这是自己行为的后果。而每一个自然人欲做出这种展现自己发展的行为，其享有民事行为能力是基础。由于民事行为能力是以个人的意思能力为基础，是个人理性在法律中的反映，根据个人理性的状态，将人的民事行为能力分为无民事行为能力、限制民事行为能力和完全民事行为能力三种。只有理性充分的人才具有完全民事行为能力，才可以在社会中自由发展。

（二）意思自由是自然人发展的空间

《民法典》第5条规定："民事主体从事民事活动，应当遵循自愿原则，按照自己的意思设立、变更、终止民事法律关系。"民事主体的意思自由可以称为"民事主体可以成为自己想成为的那个样子"。对于自然人，民法是给予个人发展的空间的，但是在任何民事法律中均未明确提及其范围。如何理解个人在民法中的发展空间呢？或者说个人在民法中行为的边界在哪里呢？一般认为，自由意思所及的范围皆为自然人在民法上行为的空间，公序良俗和法律的强制性规定是个人在民法上行为的边界。自然人的发展空间在民法中是最广阔的，这得益于民法中的意思自由。任何一个个人想成为什么样的人，想发展到什么程度产生什么结果，由其自主意思决定，这就是意思自由的基本价值。想建立什么样的法律关系、受到什么样的权利义务的约束，甚至想让社会对自己形成一种什么样的评价等均可以通过自己的意思形成。

民法中的意思自由是指行为人基于法律的许可，完全根据自己的愿望进行活动的自由，这构成其在社会上进行民事活动的无限范围。在民法中虽然明确规定了一些典型的民事法律行为类型，如合同行为、婚姻行为、遗嘱行为等，但是还存在大量的非典型行为。对于典型的民事行为，如合同，一个人欲与他人建立合同关系，包括合同的当事人之选择、合同的权利义务、义务的履行期限、违约责任的约定等都是其自由选择的范围；对于非典型的民事行为，完全是由当事人根据民事法律的基本要求自己创造的，这正是民法中意思自由的实现。

对于意思自由的空间只能使用消极的排除法，而不能使用列举法。所谓的消极排除法，即法律中明确列举出来的不能进行的行为，包括强制性规定和禁止性规定构成当事人意思自由的边界，除此以外的范围都是自然人行为的空间。列举法是指在法律中明确具体指明了自然人行为的类型，甚至是每一种民事行为的内容，凡是与法律列举出来不一致的即为违法。从民事法律和其他法律如刑法、行政处罚法的立法方式上看，其对主体行为的合法与否的判断标准就是完全不同的。刑法是规定犯罪和刑罚的法律，什么行为是犯罪、犯罪后应当受到什么样的刑罚处罚在刑法中都是明确的，这是罪刑法定的基本要求；在行政处罚法中，对于什么行为是违法以及对于违法的行为处以什么样的行政处罚也是明确列举的。公法中的这种做法，对于限制公权力的行使、维护个人的自由是有极大积极意义的，而民法的作用主要在于扩充个人的自由，如果也采取公法中的做法必然违背民法的基本精神。因此，从民法的角度观察，自然人的行为范围非常广阔，这对于激发个人的积极性和创造性、促进社会发展具有制度保障性的作用。

（三）民事法律行为是自然人发展的途径

个人发展是社会发展的基础之一，社会发展反过来又促进个人发展。民法中关于自然人发展的内容包含两个方面，一方面是自然人自然属性的发展，另一方面是自然人社会属性的发展。其自然属性的发展主要反映的是年龄的增长方面，其社会属性的发展主要体现在以民事行为能力为基础的民事法律行为的展开方面。其中自然属性的发展一般情况下是社会属性发展的客观基础，并不是民法的根本目的，因为单纯的自然属性发展对于他人和社会所产生的意义极其微弱，只有在社会中发展，个人的意义才能得以体现。保障每一个自然人在社会中体现其根本价值是民法的重要功能和价值追求。

民法是如何确定个人在社会上发展的途径呢？民事法律行为就是民法给予自然人在社会上发展的具体途径。民事法律行为是指民事主体以意思表示为核心要素，以产生、变更或者终止民事权利义务关系为目的的法律事实之一种。民事法律事实可以分为事件和行为，事件是指与行为人的意志无关而能引起民事法律关系产生、变更和消灭的事实，如洪水、地震等自然事件。行为是指人有意识的活动。行为又可以分为法律行为和事实行为，只有法律行为才包含当事人的主观意图，而事实行为只是根据法律的规定产生强制性的法律效果，权利义务的发生与当事人的主观意图无关。从对社会发展和个人发展的作用而言，事件和事实行为的推动作用微乎其微，只有人有目的、有意识的追求才是社会发展的推动力。对于这一点我们可以从民事法律行为的构成要素进行认识。

民事法律行为作为民事法律事实之一，其基本构成要素是意思表示，在许多情形下，“法律行为”和“意思表示”被作为同义词使用。[1]意思表示是指向外部表明意欲发生一定私法上效果之意思的行为。[2]一般情况下，人们对意思表示的构成要素作如下理解：一是行为意思，它可以被理解成表意人有意作出表示的意思要素，之所以要强调行为意思这一要素，完全是为了将根本不具备行为意思的情形与其他意思瑕疵的情形区分开来。二是表示意思，即引起表示事实构成的人希望其行为构成表示，或者至少意识到其行为已经满足表示的事实构成。三是目的意思，又称为基础意思、交易意思和法律行为意思，是表明法律行为具体内容的意思要素，它是意思表示据以成立的基础。四是效果意思，即旨在通过表示达到特定法律效果的法律效果意思，或者旨在达到特定经济上的、受法律保护的后果的意图。五是表示行为，即表意人将效果意思表现于外部之行为。[3]从意思表示的基本构成要素来看，必须包含行为人的主观认识和追求，即人的行为是在其有意识、有追求的情况下的行为。通过前期的意思形成后，最后才有表示行为，即表达自己内心真意的行为。如果意思仅仅停留在内心，外人无从了解，其与他人建立民事法律关系的意图当然不能实现，因此表示行为必不可少。至于意思表示的方式，《民法典》第140条规定：“行为人可以明示或者默示作出意思表示。沉默

---

〔1〕［德］维尔纳·弗卢梅：《法律行为论》，迟颖译，法律出版社2013年版，第29页。

〔2〕王利明：《民法总则》，中国人民大学出版社2017年版，第298页。

〔3〕王利明：《民法总则》，中国人民大学出版社2017年版，第300—301页。

只有在有法律规定、当事人约定或者符合当事人之间的交易习惯时，才可以视为意思表示。”由此可见，民事法律行为是在不同主体之间建立民事法律关系的最重要途径。

自然人正是通过民事法律行为这一形式，才能实现自己有目的的追求，即建立民事法律关系。从因果关系上看，民事法律行为是原因，民事法律关系是结果。从逻辑过程上看，民事法律行为是民事主体与民事法律关系之间的桥梁，没有民事法律行为的桥梁作用，主体仅是单独的存在，当事人所追求的实现自己意愿的相对性民事权利义务关系是无法建立的。

（四）民事权利义务的变动是自然人发展的结果

自然人的发展具有两面性：一是其身体的发育，二是其在社会上与他人建立民事法律关系以取得民事权利、负担民事义务。身体的自然发育虽然在民法中也有相关的规定，主要是通过年龄判断身体发育的状态，但是民法中并不规范单纯的身体发育，换言之，民法是通过规范人身体的发育程度以确立其民事行为能力之有无，进而赋予其相应的行为能力，通过其民事法律行为与他人建立民事法律关系以实现其民法中的自由才是民法的目的。因此，自然人与他人建立民事法律关系的社会性发展才具有根本性的意义。民法上民事法律关系是基于民事法律事实的发生在民事主体之间引起的以民事权利义务为主要内容的社会关系。民事法律关系的主要意义在于使当事人所追求的法律效果确定化，能够获得法律的保障。民事法律关系也使每一个自然人在社会上的不同发展过程中所取得的成果即权利义务得以实现，从而为其下一步发展打下基础。自然人在社会上的发展过程就是通过民事法律行为建立起民事法律关系的无限循环过程，直到最后死亡，使得所有的民事法律关系终结。

在民法中，自然人在社会中的发展结果主要体现在两方面：人身权法律关系建立—消灭的循环；财产权法律关系建立—消灭的循环。

其一，人身权方面的民事法律关系。人身权是以人身利益为内容的民事权利。基于自然人出生的民事法律事实，自然人的人格权法律关系自动产生，如生命权、健康权等。但是其身份权法律关系并不能当然产生。身份权是指基于权利人的特定身份产生的权利，包括抚养权、配偶权等，其客体是身份利益。身份利益一般是因自然人之间的身份关系以及因知识产权而获得的利益。与人格利益的固有性不同，身份利益并不具有固有性，其以一定的社会关系为基础。〔1〕由此可见，自然人身份利益的取得是自然人在社会上发展结果的构成部分。如不与他人缔结婚姻关系就不存在夫妻的身份，配偶权就不能产生等。因此，缔结婚姻关系就是自然人在社会上发展的一种结果。其二，财产权方面的民事法律关系。财产权是指以财产利益为内容的权利。与人格权法律关系不同的是，财产权法律关系不会伴随自然人出生这一民事法律事实自动产生。自然人是如何取得财产权利的呢？通过民事法律行为与他人建立民事法律关系是重要的途径。〔2〕

---

〔1〕 王利明：《民法总则》，中国人民大学出版社 2017 年版，第 87 页。

〔2〕 除通过民事法律行为取得财产权以外，还可以基于符合法律规定的特殊情况而取得财产权，如因贫困而获得国家给予的财产权利、基于劳动关系取得工资等财产权利、基于事实行为取得物权等。

第三章

民法的社会化

民法是调整平等主体的自然人、法人和非法人组织之间的人身关系和财产关系的法律规范的总和，其性质属于私法。该分类最早见于罗马法。在查士丁尼的《法学总论——法学阶梯》中是这样表述的：法律学习分为两部分，即公法与私法。公法涉及罗马帝国的政体，私法则涉及个人利益。[1]虽然自此以后，关于公法与私法的区分标准产生了利益说、内容说、目的说等不同的理论争论，但是关于民法属于私法性质的认识还是比较统一的。作为私法的民法，其主要维护的是私人利益，是通过对个人权利的类型化和概括性描述进行界定，并禁止不法侵害来实现的，如民法规定自然人享有生命权、健康权、名誉权等人身权利以及物权、债权等财产权利。每一个个人都是社会中的私人，不存在脱离社会而存在的人，社会是人的总和，人是社会的人。只是随着社会分工和私有制的出现，共同利益与个人利益相分离并与之相对立，构成了个别利益同一般利益、局部利益与整体利益的矛盾。其实，任何个别利益和局部利益都在一定程度、一定范围内扩大了私人利益，而一般利益、公共利益代表了包括一己在内的整个他人的利益，具

---

〔1〕［罗马］查士丁尼：《法学总论——法学阶梯》，张企泰译，商务印书馆1989年版，第5—6页。

有一定程度、一定范围的利他性，它们之间是相互依存的。[1]法律并非由其自身而决定，也并非在高阶规范和原则的基础上被决定，而是由其与社会的关系所决定的。[2]法律，即使是私法也必然承担一定维护社会公共利益的功能。

民法鼓励个人维护自己的民事权利并提供请求权的法律基础本身就具有重大的公共性。正如德国法学家耶林所言：“因图安逸和胆小怕事而放弃自己正当权利的人，对自己人格和名誉上蒙受的观念上损害完全不理解的人，经常只用物质尺度衡量法的事情的人，对这些人当国家权利和名誉发生问题时，能指望他们利用另外的尺度，拿出别样的感情吗？此时迄今为止压抑胸中的理想主义能够突然地从那里迸发吗？不，并非如此！为公法和国际法而战的斗士只能同样是为私法而战的斗士……不是公法而是私法才是各民族政治教育的真正学校。”[3]随着社会的发展，私法也越来越显现出公共性的一面，社会化倾向越来越明显。这主要表现在民法中的公序良俗原则、对所有权绝对的限制、对道德行为的激励制度和不道德行为的限制等方面。

一般认为，随着文明水平的提高和物质财富的积累，作为私法的民法，其社会化功能会不断强化。

---

〔1〕 金彭年：《社会公共利益保护法律制度研究》，浙江大学出版社 2015 年版，第 4 页。

〔2〕［德］尼克拉斯·卢曼：《法社会学》，宾凯、赵春燕译，上海人民出版社 2013 年版，第 62 页。

〔3〕［德］鲁道夫·冯·耶林：“为权利而斗争”，胡宝海译，载梁慧星主编：《为权利而斗争——梁慧星先生主编之现代世界法学名著集》，中国法制出版社 2000 年版，第 37 页。

一、民法与社会公共利益

（一）维护社会公共利益是民法的基本价值

社会公共利益是指以社会公众为主体的，涉及整个社会最根本的法律原则、道德的一般原则及隐藏于它们之后的与时代相适应的公平正义观念。[1]与一般的私人利益相比，公共利益具有以下基本特征：一是从主体上看，公共利益是不特定多数人的利益。享受利益主体的不特定性是公共利益与私人利益的根本区别。例如，在某人家门口放置废弃物只会影响该户人员进出之便利性，是对特定利益主体的侵害，是损害私人利益的行为；如果在公共道路上放置废弃物，任何人从此通行其便利性均受影响，即为损害公共利益的行为。对某一行为是损害公共利益还是直接损害特定利益主体的利益只能个别判断，应当特别考虑可能遭受损害结果主体的可能性。如危害公共安全的行为即为典型的损害公共利益的行为，即使在事实上尚未造成任何一个具体主体的利益损害，但是行为本身存在造成不特定主体利益损害的可能，亦不能改变该行为的性质。二是公共利益的内容具有普遍性。除有形的物质利益外，公共利益还包括社会的道德观念、公平正义观念、良好的社会秩序、政府的权威等。三是在对公共利益的保护上存在强制性。民法对一般个人的利益保护，坚持自愿原则，受损害的当事人自己不提起维护权利的主张，国家不会给予强制的保护。但是一旦涉及公共利益受损害的结果，其他主体可以提起公益诉讼从而实现对公共利益的强制保护。四是从结果上看，对私人利益的损害通

---

〔1〕 金彭年：《社会公共利益保护法律制度研究》，浙江大学出版社2015年版，第8页。

常需要当事人证明存在客观的损害后果，否则不给予支持，而对损害社会公共利益的行为的证明并不必然要求存在客观可证明的损害结果，只要当事人存在客观的、可能造成损害后果的行为即可。

作为私法的民法，虽然其根本目的在于对自然人进行保护，以保护其个体的利益，实现其个人在社会上的生存与发展，但是我们不能因此认为民法与社会无关，不关注社会的公共利益。保护社会公共利益是任何一个部门法学都应当具有的功能，因为法律是规范人的行为的，而人的本质是社会关系的总和，对人的保护当然及于整个社会的利益。社会的发展是以个人的发展为基础，再反作用于个人，要么是给了个人更大的发展空间，要么是给个人提供了更好的生存基础，二者不能分离。民法中保护自然人个体间接上就是保护整个社会。但是仅仅依靠对自然人个体的保护实现民法对社会公共利益的保护还存在不足，因为作为个体的自然人在涉及自身利益与公共利益的冲突时，可能产生自私的判断。我们不能要求每一个自然人都是道德君子，在进行利益衡量时将他人的利益和社会公共利益放在第一位。民法中所规范的自然人都是普通人，作为普通人都有丧失理性的可能，这就需要民法将公共利益的保护从个人利益的保护中分离出来。因此，《民法典》第 132 条规定："民事主体不得滥用民事权利损害国家利益、社会公共利益或者他人合法权益。"

民法对社会公共利益的保护，首先保护个人的合法权益，能促使人做出更多具有维护、促进社会公共利益的行为。如果个人的利益总是处于受到损害的状态，其对公共利益必然漠视；个人的利益处于危险之中，其对公共利益和他人的利益自然无心顾及。只有当个人的利益处于法律的保护之中，其才有精力和意愿关心他人、关心社会。自然人创造财富的积极性是社会经济发展的根源。自然人对社会的贡献外在于其行为，内起于其思想。没有基于内在思想的行动，欲产生外在有利于社会公共利益的行为是不可想象的。民法对于个人财产的保护，使得个人拥有安全感、获得感，从而产生创造更多财富的内在动力。所谓的“有恒产者有恒心”是也。实现个人对社会公共利益维护的过程中亦是如此。因此，《民法典》第 3 条明确规定：“民事主体的人身权利、财产权利以及其他合法权益受法律保护，任何组织或者个人不得侵犯。”第 207 条规定：“国家、集体、私人的物权和其他权利人的物权受法律平等保护，任何组织或者个人不得侵犯。”《民法典》第五章更是明确列举了生命权、健康权、姓名权、名誉权、荣誉权、肖像权、隐私权、婚姻自主权、所有权、用益物权、担保物权等人身权和财产权，《民法典》侵权责任编对各种侵权行为的责任承担亦作出了详细的规定，这些规定在推动个人产生促进和维护社会公共利益的内在动力方面必然发挥重要作用。其次，鼓励个人的道德行为。法律与道德的关系是法哲学研究的重要主题，把握好二者的界限并不是一件容易的事。但是通常认为，法律是道德的底线。这就说明，上升为法律制度的内容就已经脱离了道德的范围，如禁止杀人、放火等，但是没有上升为法律规范的行为，如救死扶伤仍停留在道德规范的范围内。法律不能强迫人们过一种有道德的生活，否则就混淆了法律与道德的界限，但是人们应当过一种有道德的生活。《民法典》通过适当的制度设计，鼓励人过有道德的生活。个人所做出的每一个符合社会公共道德观念的行为都具有公共性，都是推动社会公共利益增长的行为，因为其在社会上具有榜样作用。社会的良好风尚是通过个人的行为反映出来的，民法必须给个人做出良好的道德行为留出足够的空间。如《民法典》第 184 条“因自愿实施紧急救助行为造成受助人损害的，救助人不承担民事责任”的规定，对于鼓励人们做出道德行为有重要意义。

（二）《民法典》维护社会公共利益的制度

为维护社会公共利益，《民法典》中存在一些直接或者间接的制度。

1. 禁止损害公共利益制度

公共利益的重要性在于该利益的享有者具有公共性，社会上的任何人都可能是该利益的享有者。对个人利益的侵害放大来看可能就是对公共利益的侵害，对公共利益的侵害缩小来看就是对个人利益的侵害，二者之间不能僵化地、绝对地进行区分。“公共利益”一词在《民法典》的 11 个条文中出现了 11 次，可以分为两种类型，一种是为了公共利益的需要，如第 117 条：“为了公共利益的需要，依照法律规定的权限和程序征收、征用不动产或者动产的，应当给予公平、合理的补偿。”另一种是禁止损害公共利益，如第 132 条：“民事主体不得滥用民事权利损害国家利益、社会公共利益或者他人合法权益。”

从我国法律规定来看，实现对公共利益的保护在很多情况下涉及对个人自由的限制，在公共利益和个人自由之间需要有效协调，把握好个人自由的限度，否则就容易越界损害公共利益。例如，葛长生与洪振快名誉权、荣誉权纠纷一案的判决所表达的基本价值取向，即将个人的言论自由度置于公共利益之下。一审法院认为，“狼牙山五壮士”的英雄称号，既是国家及公众对他们作为中华民族的优秀儿女在反抗侵略、保家卫国作出巨大牺牲的褒奖，也是他们应当获得的个人名誉和个人荣誉。不仅如此，“狼牙山五壮士”是中国共产党领导的八路军在抵抗日本帝国主义侵略伟大斗争中涌现出来的英雄群体，是中国共产党领导的全民抗战并取得最终胜利的重要事件载体。这一系列英雄人物及其事迹，经由广泛传播，在抗日战争时期，成为激励无数中华儿女反抗侵略、英勇抗敌的精神动力之一；成为人民军队誓死捍卫国家利益、保障国家安全的军魂来源之一；在和平年代，狼牙山五壮士的精神，仍然是我国公众树立不畏艰辛、不怕困难、为国为民奋斗终身的精神指引。这些英雄人物及其精神，已经获得全民族的广泛认同，是中华民族共同记忆的一部分，是中华民族精神的内核之一，也是社会主义核心价值观的重要内容。而民族的共同记忆、民族精神乃至社会主义核心价值观，无论是从我国的历史看，还是从现行法上看，都已经是社会公共利益的一部分。故而认为案涉文章侵害的不仅仅是葛振林个人的名誉和荣誉，并且侵害的是由英雄人物的名誉、荣誉融入的社会公共利益。二审法院同样认为洪振快发表的案涉文章否认狼牙山五壮士英勇抗敌的事实和舍生取义的精神，不仅对狼牙山五壮士的名誉和荣誉构成侵害，同时构成了对英雄人物的名誉、荣誉所融入的社会公共利益的侵害。[1]

2. 见义勇为制度

《民法典》第183条规定：“因保护他人民事权益使自己受到损害的，由侵权人承担民事责任，受益人可以给予适当补

〔1〕 北京市第二中级人民法院（2016）京02民终6272号民事判决书。

偿。没有侵权人、侵权人逃逸或者无力承担民事责任，受害人请求补偿的，受益人应当给予适当补偿。”该规定赋予见义勇为者法律上的请求权，有助于鼓励人们见义勇为，弘扬社会正气。

3. 紧急救助制度

《民法典》第184条规定：“因自愿实施紧急救助行为造成受助人损害的，救助人不承担民事责任。”该条规定确立了紧急救助情形下救助人不承担责任的规则，其立法目的在于消除救助人的顾虑，鼓励民众实施救助行为，这是对社会主义核心价值观的贯彻。所谓紧急，即紧急情况，指受助人的人身或财产即将或正在遭受现实危险，若想避免该危险的发生或损害后果的扩大，应立即采取行动而不能拖延。救助不仅指救助人客观上实施了救助行为，也指救助人以避免他人利益遭受损害为目的而实施救助行为。[1]民法通过对自愿提供紧急救助行为人的绝对免责的规定，消除了行为人从事道德行为时的后顾之忧，对每一个个人从事道德行为起到鼓励作用，对于提升社会道德水平具有积极意义。

4. 无因管理制度

《民法典》第121条规定：“没有法定的或者约定的义务，为避免他人利益受损失而进行管理的人，有权请求受益人偿还由此支出的必要费用。”任何人首先关心自己的事务以维护自己的利益是天经地义的，但是在没有法律规定的义务或者当事人约定的义务情况下为了他人的利益去管理他人的事务是道德所要求的，在法律上应当给予鼓励。因此，《民法典》中关于

[1] 李适时主编：《中华人民共和国民法总则释义》，法律出版社2017年版，第577页。

无因管理的规定具有积极的意义。无因管理制度对人管理他人事务的道德激励，不是通过免除责任而是通过请求权的赋予实现的。根据法律的规定，构成无因管理行为，行为人必须具有为了他人的利益免受损失这一符合道德观念的主观要件，在客观上必须具有管理他人事务的行为，在结果上是使自己依法产生了请求权，即请求受益人偿还因自己的管理行为而支出的必要费用。如果管理他人事务使自己再承担经济上的利益当然会阻碍理性人道德行为的发生。当然，如果在管理他人事务的过程中，自己不仅产生了经济上的付出，还受到了其他损害，其亦可一并要求受益人给予补偿。

5. 不当得利制度

不当得利制度约束人的不道德行为。《民法典》第 122 条规定："因他人没有法律根据，取得不当利益，受损失的人有权请求其返还不当利益。" "不当" 即不正当性，属于道德评判在法律上的表达。缺乏正当性而获得的利益当然要返还，是将道德义务上升为法律义务，从而实现了道德与法律的分离。

6. 拾得遗失物制度

拾金不昧、物归原主是中华民族的传统美德，是基本的道德要求。为体现这一道德要求，《民法典》第 314 条规定："拾得遗失物，应当返还权利人。拾得人应当及时通知权利人领取，或者送交公安等有关部门。" 这是确定了 "拾金不昧" 的制度基础，是道德的法律表达。《民法典》第 316 条规定："拾得人在遗失物送交有关部门前，有关部门在遗失物被领取前，应当妥善保管遗失物。因故意或者重大过失致使遗失物毁损、灭失的，应当承担民事责任。" 对于欲侵占他人遗失物的，《民法典》第 317 条第 3 款规定："拾得人侵占遗失物的，无权请求保管遗失物等支出的费用，也无权请求权利人按照承诺履行义务。”

7. 善意取得制度

《民法典》中的善意取得制度对受让人的善意要求，也是道德因素在法律上的体现之一。在明知处分人是无权处分的情况下仍然从其手中受让其所处分的财产，在道德上的可责难性是显而易见的。强调从无权处分人手中取得财产的善意性本身就是民法中的道德性要求在财产流转关系中的适用。

8. 其他原则性规定

民法中以公共利益保护为目的的基本原则有两项：其一，公序良俗原则。“公序良俗”即公共秩序和善良风俗，是现代民法中的一项基本原则，承担着维护社会公共利益和基本道德的重要功能。公共秩序是存在于法律本身的价值体系，善良风俗则是指法律外的伦理秩序。善良风俗是维持人类社会生活所不可或缺的、最低限度的伦理道德标准。[1]《民法典》第 8 条规定：“民事主体从事民事活动，不得违反法律，不得违背公序良俗。”个人自由有了法定的“公共”边界，公序良俗原则就承担起了维护社会公共利益的重要任务。“公序良俗”原则在《民法典》中的确认，使市场经济所要求的个人独立和个体利益与社会主义所追求的社会整体和长远福祉间的兼顾和融合要求上升为国家意志，受到法律的肯定、保护和推动。它不仅成了现代民法中基本的价值理念和规范原则，其适用范围还实现了向公法、社会化领域的拓展，成为支配整个法秩序的基

〔1〕 陈自强：《民法讲义 I：契约之成立与生效》，法律出版社 2002 年版，第 151 页。

本理念。[1]其二，绿色原则。绿色原则是欲通过规范私人行为实现公共利益保护的基本目的。此处的私人行为包括法律行为和事实行为。绿色原则以悲观主义的人类未来论为基础，承认资源耗尽的必然性和一定的可避免性，基于这种确信禁止和限制民事主体对资源的浪费性使用，从而维持人类的可持续性生存。[2]资源的节约利用和良好生态环境的保护并不是特定的人受益，是事关人类的生存与发展的，故民法中的绿色原则是实现公共利益保护的基本原则之一。民法中的私人行为与绿色原则目的相关，既包括个人的生活行为，也包括作为市场经营主体的经营行为，但主要还是经营行为。经营行为主要包括自然资源的开采、水资源的利用、生活经营过程中原材料的使用和废物排放等行为。

二、民法与人口繁荣

人是社会发展的基础，是社会发展的最根本推动力，社会的发展是人发展的结果。民法发挥了维护自然人生存和发展的基本功能，并在保证人的繁荣方面发挥了无可替代的作用。从社会发展的角度看，民法不仅要保证社会上人的生存，还要保证有质量的人口数量的发展。这也是现代民法的重要任务，其中婚姻法的作用尤其明显。

基于婚姻关系生育子女并不是人类自身繁衍的法律要求，过去这曾是道德上的评价对象，但是随着社会的发展，在道德上对非婚生子女的消极评价也日益淡化，在法律上也应当鲜明

〔1〕 杨华："马克思主义视域下的'公序良俗'及其时代性"，载《现代法学》2018年第4期。

〔2〕 徐国栋：《民法哲学》（增订本），中国法制出版社2015年版，第584页。

地表明立场给予保护。我国法律中首先明确了非婚生子女与婚生子女的平等法律地位。《民法典》第 1071 条第 1 款规定："非婚生子女享有与婚生子女同等的权利，任何组织或者个人不得加以危害和歧视。"《民法典》第 1127 条第 3 款亦明确规定："本编所称子女，包括婚生子女、非婚生子女、养子女和有扶养关系的继子女。"由此可见，对非婚生子女与婚生子女的平等保护在法律上已经实现，这对于人口的发展具有重要意义。

人口数量的发展对社会有重要意义，有质量的人口数量发展更具有意义，是具有重大公共利益影响的问题。虽然人口质量从微观上看对特定的家庭也有重大影响，如增加了其对子女抚养的负担，但是其所产生的公共性影响更大，一是社会抚养成本，二是医疗成本，三是社会的永续发展。为了保证人口质量，《民法典》婚姻家庭编中明确规定了禁止结婚的情形。《民法典》第 1048 条规定："直系血亲或者三代以内的旁系血亲禁止结婚。"由于近亲结婚的夫妇双方有较多相同的基因，对生存不利的隐性有害基因容易在后代中传递，生出畸形孩子的概率极大。据世界卫生组织估计，人群中每个人约携带 5—6 种隐性遗传病的致病基因。在随机婚配时，由于夫妇两人无血缘关系，相同的基因很少，他们所携带的隐性致病基因不同，因而不易形成隐性致病基因的纯合体（患者）。而当近亲结婚时，夫妇两人携带相同的隐性致病基因的可能性很大，容易在子代相遇，而使后代遗传病的发病率升高，如高血压病、先天性心脏病、精神分裂症、哮喘、无脑儿、脊柱裂、唇腭裂等。因此，为了保证人口质量，尽量减少近亲结婚造成的遗传缺陷，婚姻法中规定直系血亲和三代以内的旁系血亲禁止结婚。

三、民法与精神财富繁荣

人、物质和精神三者构成社会的基础。三者中，人是依规律而产生的，具有天然性的一面，部分物质财富的产生也具有天然性的一面，但是多数物质财富还是人创造的结果；而思想层面上的精神财富不存在天然属性，与人的创造活动不可分离。

精神财富是人智力活动的成果，主要表现为作品、商标、专利、商业秘密等。对这些智力成果所享有的权利就是知识产权，分别表现为著作权、商标权、专利权、商业秘密权等，这些权利均属于民事权利的范围。《民法典》第 123 条规定："民事主体依法享有知识产权。知识产权是权利人依法就下列客体享有的专有的权利：（一）作品；（二）发明、实用新型、外观设计；（三）商标；（四）地理标志；（五）商业秘密；（六）集成电路布图设计；（七）植物新品种；（八）法律规定的其他客体。"对精神财富的保护是促进其繁荣发展的基础，是发挥其作用的基础，故《民法典》第 844 条规定："订立技术合同，应当有利于知识产权的保护和科学技术的进步，促进科学技术成果的研发、转化、应用和推广。"第 1185 条规定："故意侵害他人知识产权，情节严重的，被侵权人有权请求相应的惩罚性赔偿。"

民法在促进社会精神财富繁荣方面所发挥的作用主要表现在以下方面：一是在民法中给予自然人充分的思想自由，不对任何人的思想进行限制。不只是民法，任何法律所规范的只能是主体的行为而不包括其思想，这就给精神活动以无限空间，我们每一个人都可以充分发挥自己的想象力，创作文学作品也好，进行商标设计、发明创造也好，这都将有力促进整个社会上精神财富的增长。二是在民法中对每一个自然人的精神财富进行保护，从而对每一个个人的创造性活动起到激励作用。凡是具有创造性的精神活动，最终都能够上升为民法上的权利，获得民法的保护，这种保护反过来又促进了人们精神活动的积极性和创造性，更加加速了社会精神财富的增长。当然，很多精神财富如商标、专利、作品等最终也会反过来有力促进社会物质财富的增长。从人类历史的发展过程来看，基于精神财富所推动的物质财富增长远远高于单纯基于体力劳动所推动的物质财富的增长速度。在同一时间内一辆卡车所运送的货物远远高于数十人基于体力所搬运的货物，而卡车本身就是人类精神活动成果在社会上的转化；目前大量人工智能在生产企业的使用极大提高了劳动生产效率，不仅弥补了工人体力劳动的不足，还消除了因劳动力短缺所带来的影响。从此意义上观察，法律对人创造性思想的保护和激励比单纯对现有物质财富的保护更加重要。这也说明现在世界各国对知识产权保护的重要性。

四、民法与物质财富繁荣

人类的生存和社会的发展离不开物质基础。民法在维护社会物质财富的积累方面发挥了重大作用。

第一，保护个人财产权利等民事权利。民法通过保护个人的财产安全激励个人不断创造财富的内在动力。《民法典》第3条规定：“民事主体的人身权利、财产权利以及其他合法权益受法律保护，任何组织或者个人不得侵犯。”

第二，确立物权平等保护原则。《民法典》第 207 条规定："国家、集体、私人的物权和其他权利人的物权受法律平等保护，任何组织或者个人不得侵犯。"此即为物权的平等保护原则，是物权法的基本原则之一。只有将个人的物权与国家的、集体的物权平等保护，将所有个人的物权平等保护而不考虑其物权客体数量上的区别，才能从内在激励个人创造财富的积极性，促进社会财富的增长。"物权平等保护"作为物权法的基本原则之一，其基本的含义包括：其一，保护物权的基本途径相同。在《民法典》第 233 条明确规定了物权受到侵害时，权利人所享有的权利救济的途径，即权利人可以通过和解、调解、仲裁、诉讼等途径解决。其二，物权的效力相同。不管物权的权利人是谁，在其物权受到侵害时，均可以视具体情况行使物权的追及效力、排他效力，根据法律规定的物权的优先性行使自己的物权。其三，物权的内容相同。根据物权法定原则的基本要求，物权的种类和内容由法律规定。对于任何一种物权，在法律明确规定其内容的前提下，任何一个物权主体的相同类型的物权的内容相同，不因物权人是国家、集体或者个人而有所不同，此即为物权内容上的平等性。如所有权是所有人对于物享有的占有、使用、收益和处分的权利。国家、集体对其享有所有权的物可以占有、使用、收益和处分，自然人对其享有所有权的物也享有占有、使用、收益和处分的权利。对于质权、抵押权、留置权等担保物权和土地承包经营权、建设用地使用权等用益物权亦相同。其四，物权受侵害后所产生的请求权内容相同，侵害物权的行为人所应当承担的法律后果相同。根据法律规定，民事主体在保护自己的物权时，可以主张如下请求权：一是请求确认物权的归属和内容，因物权的归属、内容发生争议的，利害关系人可以请求确认权利；二是权利人对于无权占有自己的不动产或者不动产的占有人，可以请求返还原物；三是对于妨害物权或者可能妨害物权的，权利人可以请求排除妨害或者消除危险；四是造成不动产或者动产毁损的，权利人可以请求修理、重作、更换或者恢复原状；五是侵害物权，造成权利人损害的，权利人可以请求损害赔偿，也可以请求承担其他民事责任。

为给予权利人充分保护，根据法律的规定，物权保护方式可以单独适用，也可以根据权利被侵害的情形合并适用。侵害物权，除承担民事责任外，违反行政管理规定的，依法承担行政责任；构成犯罪的，依法追究刑事责任。对于基于公共利益的需要对个人的房屋及其他不动产进行征收或者征用时，还应当依法给予拆迁补偿，维护被征收人的合法权益；征收个人住宅的，还应当保障被征收人的居住条件。任何单位和个人不得贪污、挪用、私分、截留、拖欠征收补偿费等费用。如果征收集体所有的土地，除应当依法足额支付土地补偿费、安置补助费、地上附着物和青苗的补偿费等费用外，还应当安排被征地农民的社会保障费用，保障被征地农民的生活，维护被征地农民的合法权益。只有物权真正得到平等保护时，以之作为财产交换起点的经济的繁荣才可能实现。

第三，民法在保护财产交换方面发挥巨大作用。民法必须保证权利人对财产的自由交换，财产的自由交换才能更加繁荣。作为民法基本原则之一的自愿原则发挥重要作用。《民法典》第 5 条规定：“民事主体从事民事活动，应当遵循自愿原则，按照自己的意思设立、变更、终止民事法律关系。”民事主体基于自己的意思与他人建立、变更或者终止的民事法律关系，包括人身权法律关系和财产权法律关系。自愿原则在实现财产交换方面发挥了基础性作用。只有自愿的交易才能实现物尽其用，减少财产的浪费。财产交换的繁荣属于经济基础层面，在法律上的反映就是合同数量的增加。为维护财产交换的繁荣，《民法典》合同编发挥了巨大的作用，一是明确规定了合同自由的原则。合同的当事人可以根据自己的意思选择交易的相对人，决定交易的形式、交易的内容，可以自主约定合同的主要条款、当事人的违约责任等内容。只有将财产的交换交给当事人自由决定，才能充分发挥财产的使用价值和交换价值，才能使财产的创造者真正体会到创造财富的意义，从而激发起其创造更多财富的积极性。因此，自由交换是经济繁荣的基础。二是明确了合同的效力及违约责任。合同的效力是合同对当事人的约束力，是维护当事人自由意志得以实现的法律上的保障。只有有效的合同才能使当事人的自由得以真正实现，存在责任督促的义务的履行才会更加积极。

第四，民法中设计了丰富的保障交易安全的法律制度。没有安全保障的交易，其难以具有持续性，经济的繁荣终会衰落，甚至不会繁荣；没有安全的交易，交易者时时面临不确定的风险，最终也必然阻碍了其从事交易的积极性，交易就会逐步凋零。因此，保障交易安全是促进经济繁荣的基础，《民法典》承担了促进经济繁荣的重任，为此设计了比较丰富有效可行的维护交易安全的法律制度。〔1〕

〔1〕 参见本书第六章“民法与交易安全”。

第四章

民法与理性

一、理性

理性在西方文化中占有重要地位，贯穿于西方文化的始终。西方的哲学家、法学家、经济学家、宗教学家甚至一些数学家都对理性进行研究，研究历史源远流长，古希腊以来从未中断。从自然人的理性研究开始，到社会理性、技术理性等，涵盖社会生活的各个方面。

在古希腊，理性被称为逻各斯（logos），其含义非常丰富，是古希腊语中最难今译的词汇之一。其实际的用法本指说话、言语、演说、谈论、词等，进而也指谚语、传说、寓言、箴言、警句、明言等，以及包含在这些语言形式中的道理、思想、理性、推理、思虑、意见等〔1〕，在汉语中难以找到与其含义相匹配之词。但是从逻各斯的源头可以发现，它不仅具有客观规律的含义，同时也具有主观理性的含义，所谓理性或智慧就在于对客观规律或秩序的认识和把握。〔2〕

---

〔1〕［古希腊］亚里士多德：《尼各马可伦理学》，廖申白译注，商务印书馆 2017 年版，第 6 页脚注 4。

〔2〕周雪峰："中西理性概念差异及其对传统法理念的影响"，载《长沙理工大学学报（社会科学版）》2010 年第 3 期。

理性是人的重要德行之一，它能够使人保持正确的选择。亚里士多德认为，我们应当选择适度，避免过度与不及。而适度是由正确的逻各斯来确定的。〔1〕逻各斯是人所特有的一种能力，这种能力是人的特殊思维能力的外化。哲学家亚里士多德就曾说过，生命并不是人所独有的功能，人的功能是人所独有的东西。生命有三种方式：一是具有消化生长能力的营养生命，二是具有感观知觉能力的知觉生命，三是具有理性能力的理性生命。这三类生命构成一个等级，后面的包含着前面的。理性生命包含着营养生命和知觉生命，知觉生命包含着营养生命。根据“特有性”这一标准，营养生命为一切动物和植物所共有，故不能是人的功能，知觉生命也是人和其他动物所共有的，也不是人的功能。于是，人的功能必定在于理性生命。只有理性活动是人类所特有的。〔2〕

人类理性的形成基础主要有两方面：一是生理基础，二是社会基础。从生理基础方面来看，主要得益于人脑的发展、思维器官的完善和思维能力的提升。数万年的社会实践使人类的大脑的结构与功能上发展出了思维能力和语言能力等特征，从而与其他动物具有明显的不同。从社会基础方面来看，主要是因为人类在数万年的社会生存中基于大脑的发展，产生出了目的性思维，即以满足自己除生存以外的多方面需求的具有选择性的目的性活动、以自我为中心的主体性认识即将人与其他动物区别看待的认识。正如亚里士多德所言，从较低等的动物可

〔1〕［古希腊］亚里士多德：《尼各马可伦理学》，廖申白译注，商务印书馆 2017 年版，第 180 页。

〔2〕余纪元：《亚里士多德伦理学》，中国人民大学出版社 2011 年版，第 54 页。

以看出，它们虽有感觉却没有实践。欲求中的追求与躲避也总是相应于理智中的肯定与否定的。而如果道德性是灵魂进行选择的品质，选择也就是经过考虑的诉求，那么就可以明白，要想选择得好，逻各斯就要真，欲求就要正确，就要追求逻各斯所肯定的事物。这种理智和真是与实践相关联的。获得真其实是理智的每个部分的活动，但是实践的理智的活动是获得相应于逻各斯的欲求的真。选择是实践的起因（选择是它的有效的而不是最后的原因），选择自欲求和指向某种目的的逻各斯开始。〔1〕

现在人们对于理性的内涵通常从以下几方面进行认识：一是从本体论角度看，理性就是逻各斯，表示一种特殊的实体，即规律、规则。现在将理性作为实体性范畴理解的人日趋减少，大多数人认为理性只是人的身体特别是大脑的机能。二是从认识论的角度来看，理性是人所特有的区别于其他动物的一种能力，是指人所独有的一种进行逻辑思考的能力。人们单纯依靠感性认识不能认识客观世界，而逻辑思维是人认识世界必不可少的能力。三是从价值论的角度来看，理性是人根据逻辑思维进行活动来满足人的根本需要的一种能力。人进行逻辑思维、逻辑推理，不仅仅是为了满足生存的需要，还需要过一种有意义的生活，如公平、正义、平等、有尊严等。我们现在经常讲到的法的价值理性，其基本含义就在于通过法律满足人们对这些基本价值的追求。四是从人的行为方式的角度来看，理性是指人们对自己行为的一种控制能力。不盲目轻信，对待客

---

〔1〕［古希腊］亚里士多德：《尼各马可伦理学》，廖申白译注，商务印书馆 2017 年版，第 183—184 页。

观世界、突发事件等能够控制自己的情绪，进行理智分析。[1]一般认为，不管是从哪个角度对理性进行认识，归根结底还是在于对人的认识：能力是人的能力，认识是人的认识，价值是人所追求的价值，行为是人的行为。因此，理性与自然人是不能分割的整体。后来学者们所提出的科学理性、技术理性、形式理性等，也仍然是从人的不同方面做出的概括，最终还是为了满足人的需要，满足人对世界认识的科学性。

法律作为上层建筑，只能建立在社会的经济基础之上。但它不是基于社会经济基础而自动产生，所有的法律都是由人制定的，其必然反映了人的理性，人基于对社会经济基础的理性认识，再理性制定法律规则，最终产生法律。法律制度中特别是民法中围绕自然人所作出的一些规定，与人的理性当然是不可分的，也只有在符合人的理性认知的基础上，民事法律制度才能得到普遍的实施；只有充分考虑到人的理性追求，民法才能被称为以人为本的法律。

二、民法的形式理性

（一）民法的形式

法律形式化的渊源最早要追溯到古罗马时代。罗马法的形式化要归功于法律职业集团的形成。在古罗马时代有专门的法律职业群体，由法学家和法律顾问组成，专门解决诉讼当事人提出的法律问题。并且通过回答这些问题，对法律进行进一步的深入研究和论证，提炼出抽象且具有概括性的专业法律术语和概念。

---

〔1〕 朱荣贤：《回到语境的理性》，中国社会科学出版社2016年版，第52页。

民法是调整平等主体的自然人、法人和非法人组织之间的人身关系和财产关系的法律规范的总称。民法的形式就是民事法律规范的外在表现形式，主要表现在四个方面：一是作为民法部门法整体的民事法律之间应当按照什么样的结构编排，特别是在法典化后每一个所调整的社会关系之间的顺位问题如何安排；二是在内在的每一个法律条文之间的排列顺位以及语言表达方式如何设计；三是法律条文的用语应当如何表述才能做到内涵明确、外延周密；四是民法规范中如何对复杂多样的社会生活进行准确精练的类型化概括以利于法律的适用。

(二) 民法的形式理性

“形式理性”一词来源于德国法社会学家马克斯·韦伯的社会学理论。他认为形式理性是法所追求的最高层次的合理性，需要由专门的法学家或者专业法律人士经过逻辑上的严密推理和提炼形成逻辑思维缜密的法律形式，使道德、伦理和法律的命令区分开来，保证个人和团体在相对宽泛的自由制度里活动，并使其可预料自己行为的法律后果。法律形式主义使得法律制度能够像一部具有技术理性的机器那样运转，因而保证制度内部的个人与群体拥有相对最大的自由度，并使他们得到越来越多的机会去预测自身行为的法律后果。[1]法律以其独有的形式化语言独立出来产生了法律科学，其中蕴含的法律概念、逻辑和体系就是后来韦伯提出的形式理性。法的形式理性并不是凭空被创造产生的，而是在法律发展过程中形成的一种规律，被人发掘提炼之后形成独特的表现形式。大陆法系中的形式理性，在《德国民法典》中得到充分体现。在借鉴罗马

〔1〕［德］马克斯·韦伯：《经济与社会》（第二卷，上册），阎克文译，上海人民出版社 2020 年版，第 946 页。

法基础上，力求简洁、抽象和科学，这种立法技术使其成为19世纪立法技术成熟的标志。

民法的形式理性具有以下特点：

第一，体系性和逻辑性。民法的形式理性要求民法的定义、规则规范、基本原则体系逻辑严密、脉络清晰。民法是对社会生活的高度概括，首先，民法中的定义用语高度精确和凝练，如一个法律行为之概念基本上涵盖了民法调整的社会关系之大部分，足以应对无限丰富的社会生活。其次，民法的规则规范精确、清楚，不同规则规范的区别清晰，便于其适用。最后，民法形式理性的逻辑化特征就是要用逻辑科学的方法把公民生活中的要求通过条文和规范进行统一性和简洁化整理、体系化排列，使它具有稳定性以及普遍性，加强民法的可操作性和法律的稳定性。

第二，高度类型化。民法面对的是无限丰富的社会生活，但是民法不可能将其适用的每一种社会生活全部列举，否则民法的内容无限庞杂、不堪重负。从民法的理性要求来看，对作为其调整对象的丰富民事生活，只能采取高度类型化再辅之以列举的方式确立。如我国《民法典》中对于民事法律行为的效力规定，就是充分考虑到了有效民事法律行为的多样和列举的不可能性，仅仅规定其生效要件即可；对于可撤销民事法律行为，由于其在社会生活中的表现形式比较少，对当事人一方的权利影响又比较大，就通过列举的方式明确了重大误解的民事法律行为、欺诈胁迫的民事法律行为、乘人之危的民事法律行为等是可撤销的。再如在《民法典》中，对不同的侵权行为归责原则进行了类型化归类，如过错推定责任、无过错责任和公平责任。采用高度类型化而不是事无巨细列举的方式进行规范是民法形式理性的重要特征。

第三，严谨性。严谨性是指在民事立法中法律条文中的用语不仅仅要规范，准确用专业术语表述，其内涵还应当是明确的、具体的；对社会生活的描述应当是全面的，即外延应当是周密的，尽量少用抽象的、不确定性的词语。

第四，具有一定程度的抽象性。用一个统一的概念去反映事物的普遍性，此种概念需要抽象化，法律应当在较长时间内保持稳定，不宜规定得过于烦琐，过于具体和烦琐则很难将所有可能出现的情况和现实囊括其中，所以法律条文应当是抽象的和概括的。在具体适用的时候将完整的社会事件进行人为的剖析，目的是使法律关系变得更加清晰，准确地适用法律条文解决问题。同时还要保持法的可应用性，法律条文不能过于原则化，否则在适用法律解决问题时将面临解释学的难题。如我国《民法典》第 175 条关于法定代理终止的规定，前三项是采取列举的方式，如被代理人取得或者恢复完全民事行为能力则法定代理终止，第 4 项以“法律规定的其他情形”作高度的概括，就是抽象的，可以应对不断变化的社会生活，即理性的做法。

第五，科学性。强调民法典是形式理性的最高形式和成就，就是要实现立法的科学性〔1〕。法律是指引人们行为的规范和对他人的行为进行预测、评价的准则，只有具有理性的法律，才能做到内部规则、概念的相对确定，才能发挥其指引、预测和评价的作用，实现社会秩序的安定有序。尽管伴随社会变迁，日新月异的社会关系不可能要求制定法的完全预见性，但是，还必须看到另一方面，法律之所以为法律就在于它能一

〔1〕 王利明：《民法典体系研究》（第二版），中国人民大学出版社 2012 年版，第 31 页。

视同仁，给人们提供足够的安定预期。为此，在万变之中确立不变的规范依据防止具体判断的主观性流于恣意，迄今仍然是法律家不可推卸的责任。只要不否认这一点，相对的可预测性或者实质的客观性就会继续成为人们追求的制度化目标。〔1〕这就对于立法者在编纂民法典过程中的立法技术有了更高要求。作为法律基石的法律概念的确定中，形式理性要求民法必须从实践出发，用语要准确、专业以彰显科学性。

(三) 民法的法典化

民法法典化是民法形式理性的最高阶段，是将分散的民事特别法按照其内在逻辑和外在形式逻辑整合在一起形成一部体系严密、内容完整的法律制度。学者王泽鉴认为“民法典的制定乃基于法典化的理念，即将涉及民众生活的私法关系，在一定原则之下作通盘完整的规范”。〔2〕民法的法典化本身就是理性主义的产物，它产生于人们特别是法律研究者和立法者对逻辑性和体系性的追求。在现代意义的法典化之前，也存在各种所谓的法典，如《汉谟拉比法典》《狄奥多西法典》等，但是这些所谓的法典，是诸法合体的结果，是实体与程序的混同，其体系性和逻辑性与现代所讲的法典不可同日而语。

民法法典化具有以下重要特征：

第一，民法法典化是重要的民事立法活动。民法法典化和民事法律汇编均是将民事法律系统化、规范化的重要方式，但是二者存在根本区别。法律汇编是指将不同的法律整理，是对

〔1〕 季卫东：“法律解释的真谛（上）——探索实用法学的第三道路”，载《中外法学》1998 年第 6 期。

〔2〕 王泽鉴：《民法总则》（增订版），中国政法大学出版社 2001 年版，第 22 页。

已经颁布的规范性法律文件按照一定的目的或标准进行系统的排列，汇编成册。法律汇编不改变汇编的规范性法律文件的内容，不制定新的法律规范，因而不是国家的立法活动，仅是一项技术意义上的工作。其目的是便于人们查阅各种法律法规，以利于法的遵守和适用。从事民事法律汇编可以由官方进行，也可以是民间进行；民事法律汇编的内容，可以是全部民事法律规范及相关的司法解释，也可以仅仅涉及民事基本法律。但是民法法典化是一项民事立法活动，只能由国家立法机关依照法定的权限和程序进行。

第二，民法法典化是对现有民事立法的整理。民法法典化是民法研究的最新成果的适用，是按照一定的价值理念和逻辑结构将现有的民事立法进行整合，包括新规则的制定、旧规则的修改或者废除。民法典的制定需要有充分的前期积累，包括理论研究积累和民事特别法立法的积累。只有民事法律的理论研究成熟、相关的民事特别法基本成熟了，才需要将其按照一定的逻辑关系进行整合而不是相加，形成一部综合性的法典。

第三，民法法典化的结果是形成了民法典，是系统的、具有逻辑性、内容完整的新法律的产生。所形成的民法典，其外在形式完备，章节条目之间排列有序，反映了一定的价值观念，如主体、客体的先后顺序等；其内在内容完整，不再如民事特别法那样仅仅就某一方面的社会关系进行规范，而是就所有的民事法律关系进行规范。

第四，民法法典化是民法体系化的最佳途径。[1]民法是调整平等主体的自然人、法人和非法人组织之间的人身关系和

---

〔1〕 王利明：《民法典体系研究》（第二版），中国人民大学出版社 2012 年版，第 21 页。

财产关系的法律规范的总称，其中的人身关系又包括人格关系和身份关系，财产关系又包括物权关系和债权关系，基本上覆盖了市民社会和经济社会生活的全部。这也就决定了民法的内容庞大，将所有的民事法律规范在相同的思想指导下以相同的价值观整合为一部民法典是民法体系化的最佳途径。

（四）我国《民法典》具有高度的形式理性

系统性和逻辑性是我国《民法典》所表现出来的重要形式理性。《民法典》包含总则编、物权编、合同编、人格权编、婚姻家庭编、继承编和侵权责任编七部分主要内容，将传统民法的主要内容基本都收入进来，并新增加了人格权编内容，形成一部全新的、具有系统性内容的《民法典》，这与以前完全分散的民事立法不同。以前的民事法律规范基本上都称为“民事特别法”，因为它们仅仅规范了民事法律关系中的一部分内容，如规范物权关系的就是原《中华人民共和国物权法》，规范合同关系的就是原《中华人民共和国合同法》等。针对不同的民法调整对象分别制定民事特别法就造成民事特别法之间内容孤立，相互之间表述不一甚至存在矛盾，用语也时有不一致的现象，现在《民法典》基本上消除了上述现象。《民法典》的内容除具有系统性外，还具有很强的逻辑性，如将人身权放在财产权之前，凸显了民法是以人为本的法律。《民法典》第 2 条将其调整对象表述为平等主体的自然人、法人和非法人组织之间的人身关系和财产关系，这与原《中华人民共和国民法通则》的表述明显不同〔1〕。再如民法是规范主体的法律，没有主体就没有一切，故而主体是第一位的；有

〔1〕 原《中华人民共和国民法通则》第 2 条规定：“中华人民共和国民法调整平等主体的公民之间、法人之间、公民和法人之间的财产关系和人身关系。”

了主体就会有行为，而行为是法律事实，会引起以民事权利义务为核心内容的民事法律关系的变动；对民事权利的侵害或者对民事义务的违反就产生了民事责任，故而《民法典》的内容主要按照民事主体、民事行为、权利义务、民事责任的顺序安排是完全符合逻辑性的。

采取列举与概括相结合的方式做到尽可能对社会生活的全面规范是《民法典》形式理性的重要表现。民法是对社会生活的规范，但是社会生活丰富多变，如何做到既反映现在的社会生活又能应对多变的社会生活，也能够为将来的社会生活适用预留空间以保持法律的稳定性是民事立法的重要任务之一，在制定法律规范上采取列举与概括相结合的方式是完成这一重要任务的理性方式，也是《民法典》形式理性的重要表现。这种立法方式比比皆是，如第 36 条第 1 款关于撤销监护人资格的事由的规定，首先第 1 项、第 2 项分别列举了“实施严重损害被监护人身心健康的行为；怠于履行监护职责，或者无法履行监护职责且拒绝将监护职责部分或者全部委托给他人，导致被监护人处于危困状态”的情形，但这两种情形可能不足以完全反映现实，也不足以应对现实可能发生的变化，故其第 3 项采取概括的立法方式，规定“实施严重侵害被监护人合法权益的其他行为”。

当然，语言精练准确、民事行为高度类型化、立法的科学性等形式理性在我国《民法典》中也得到了充分体现。

三、民法的价值理性

法的价值是指作为一种社会规范的法律所体现的、可以满足人们需要的功能和属性。法的价值体现了作为主体的人与作为客体的法之间需要和满足的对应关系，同时也体现了法所具有的对主体有意义的可以满足主体需要的功能和属性。[1]民法的本质决定了民法的价值理性就是充分以人为本，满足人对公平、正义、平等、诚信等基本价值观的需要，维护人的权利、保护人的尊严，使每一个个人都能自由自在，成就自我，实现自身的价值。

民法的价值理性首先表现在民法是私人权利的保证书。民法作为私人权利的保证书，私权至上和意思自由是其核心。首先，反映的价值理性就是私权至上。民法以权利为出发点和归宿。正确的标准也可以理解为权利的至高无上或私权的至高无上。民法旨在保护私权，以民权为中心，形成权利主体、权利对象、权利行使和权利保护的规范体系。当社会利益分为个人利益和公共利益时，整个社会分为两个主要领域：公民社会和政治国家。当集中所有政治因素的国家和纯粹经济的社会完全分离时，每个人都有双重身份：市民和公民。他们是民间社会的成员，开展私人活动，自由和平等，是政治国家的成员，参与政治社区和服从国家的统治。两种不同类型的社会关系需要不同的法律原则和法律方法来适应，形成公法和私法的两个主要领域。公法是政治国家的法律，私法是公民社会的法律。其次，反映的价值理性是意思自由。民法中的意思自治意味着民事主体从事民事活动，必须遵循意思自治原则，按照自己的意思设立、变更、终止民事法律关系。作为一部私法，民法主张私法自治，追求当事人的自由。在私法领域，每个人都根据自己的意愿驳回与私法有关的事项，在私法中形成权利和义务关

〔1〕 张文显：《法学基本范畴研究》，中国政法大学出版社 1993 年版，第 255 页。

系。民法意义自治原则反映了其法律价值：一是双方的自治可以促进争议的快速解决，从而节省交易成本。当事人在解决纠纷或谈判调解的自愿原则的基础上，实现纠纷的解决，不仅体现了自由的价值，同时降低了成本和资源。二是有利于各方形成权利和义务的期望，当事人可以根据自己选择的法律预见法律行为的后果，并维护法律关系的稳定性。

民法的实质理性表现在民法充分反映了市民社会中绝大多数人的价值观。这些价值包括了秩序、安全、效率、公平、自由、正义等普遍价值。只有反映绝大多数人的价值观的法律，才能在社会生活中得到遵守，社会中的绝大多数人才能成为守法的公民。从我国民事法律制度来看，其实质理性中所包含的基本价值，一是法治。法治要求遵守法律、依法办事、依法保护社会主体的合法权益。民法中“民事主体的人身权利、财产权利以及其他合法权益受法律保护，任何组织或者个人不得侵犯”，“民事主体从事民事活动，不得违反法律，不得违背公序良俗”等规定均是法治的基本要求。只有法治才不带有人的主观因素，才能做到法律面前人人平等。二是平等。民法中平等价值是指“民事主体在民事活动中的法律地位一律平等”。民法中的平等，可以体现在民事活动中，如在契约缔结过程中当事人平等协商，也可以体现在民事生活中，如在家庭关系中家庭成员的地位平等，也可以体现在法律上的权利义务、资格享有上的平等，如所有的自然人均享有完全相同的民事权利能力等。三是自由。民法中的自由也称为自愿，主要表现在意思自由或者意思自治上。作为价值观其核心内涵是指“民事主体从事民事活动，应当遵循自愿原则，按照自己的意思设立、变更、终止民事法律关系”。具体地说，当事人有权根据自己的意志和利益，决定是否参加或不参加某种民事法律关系，决定是否变更或终止民事法律关系。民事权利可以由当事人在法定的范围内依自身意志取得，也可以依法自主地转移和抛弃。自由价值作为民法的基本价值，在民法中得到充分的体现：民法的基本思想就是自由，民法规范总体上属于任意性规范，当事人对其适用具有自由选择权；其他民事特别法中，也处处体现出自由，如合同自由、婚姻自由、遗嘱自由、创作自由等。四是公正。民法中公平正义价值是要求“民事主体从事民事活动，应当遵循公平原则，合理确定各方的权利和义务”。公平原则要求民事主体应本着公平的观念从事民事活动，正当行使权利和履行义务，在民事活动中兼顾他人利益和社会公共利益。由于公平的观念是社会道德的观念、正义的观念，公平原则实际上是社会主义商业道德规范，也是从事公正交易和公平竞争的准则。五是诚信。民法中诚信价值的核心内容是指“民事主体从事民事活动，应当遵循诚信原则，秉持诚实，恪守承诺”。诚信原则要求民事主体在从事民事活动时应该诚实、守信用，正当行使权利和履行义务。

四、自然人的民事行为能力与理性

（一）自然人的民事行为能力

自然人的民事行为能力是指自然人以自己的行为行使民事权利和设定民事义务，并且能够对自己的违法行为承担民事责任，简言之，是自然人具有可以独立进行民事活动的能力或者资格。[1]根据法律的规定，自然人的民事行为能力分为三类：

〔1〕 王利明：《民法总则》，中国人民大学出版社2017年版，第107页。

无民事行为能力、限制民事行为能力和完全民事行为能力。无民事行为能力人是指不满八周岁的未成年人，由其法定代理人代理实施民事法律行为。八周岁以上的未成年人为限制民事行为能力人，实施民事法律行为由其法定代理人代理或者经其法定代理人同意、追认，但是可以独立实施纯获利益的民事法律行为或者与其年龄、智力相适应的民事法律行为。成年人为完全民事行为能力人，可以独立实施民事法律行为；十六周岁以上的未成年人，以自己的劳动收入为主要生活来源的，视为完全民事行为能力人。

根据民法的规定，自然人的民事权利能力一律平等。为什么还要对自然人的民事行为能力进行区分呢？对于同样的民事法律行为，有的人可以自由实施，有的人需要经其法定代理人同意才可以实施，而有的人却不能实施任何民事法律行为。这是否违背了自然人民事权利能力一律平等的法律规则呢？实际上二者之间具有完全的一致性，是目的上的一致性。民事权利能力是自然人享有民事权利、承担民事义务的资格，并不是具体的民事权利和民事义务。对自然人而言，首先要具有民事权利能力这种资格，或者说是取得权利义务的可能性，再通过自己的行为（民事法律事实）来实现具体的权利和义务。可以说权利能力的平等性就是机会的平等性，每一个自然人都具有相同的机会就是对每一个自然人的平等保护。

自然人的民事行为能力以其意思能力为基础，具有一定的民事行为能力是自然人真正实现意思自由的基础，是其进行民事法律行为的前提。民事行为能力的基础就是意思能力，即能够对自己的行为有正确的认识。如果对自己的行为不能有正确的认识，如行为的法律效力上的认识、行为对自己所可能产生的事实上的影响的认识等，其行为就存在可能损害自己利益的结果。正是基于对人进行保护的思想，在民法中才对人的行为能力进行划分，使不具有相应民事行为能力的人不得做出相应的民事法律行为，从而实现对其保护的目的。

当然，民事权利能力和民事行为能力具有根本的区别。民事权利能力是自然人成为民事主体的资格。根据民法的规定，自然人从出生时起即具有民事权利能力。而民事行为能力是自然人亲自从事民事法律行为的资格。民事权利能力具有普遍性和不可剥夺性的基本特征。对民事权利能力的剥夺就是对自然人作为法律上人的主体资格的剥夺，直接导致了自然人之间不平等的产生。而民事行为能力是分类的，是可以变动的，在符合一定的条件下无民事行为能力人、限制民事行为能力人和完全民事行为能力人是可能转化的。如未成年人成年的过程，就是由无民事行为人、限制民事行为能力人转变为完全民事行为能力人的过程；完全民事行为能力的成年人也可能因为外力造成其不能辨认或者不能完全辨认自己的行为而后转变为无民事行为能力人或者限制民事行为能力人。不管其民事行为能力如何变化，其民事权利能力都不受影响。死亡是自然人民事权利能力消灭的法定条件。

（二）自然人民事行为能力与理性

自然人民事行为能力之划分是本体理性和认识理性在民法中直接应用的结果之一，是民法具有理性的重要表现之一，如果民法不对自然人的民事行为能力进行类型化划分，就会反映出民法是没有理性的法律。民法是私法，坚持私法自治的基本原则。民事法律行为是实现私法自治的基本途径，而私法自治是以主体的意志自由与理性为前提的。正如洛克所言：“人的自由和按照自己的意志来行动的自由，是以他具有理性为基础的，理性能教导他了解他用以支配自己行动的法律，并使他知道他对自己的意志听从到什么程度。在他具有理性来指导他的行为之前放任他享有无限制的自由，并不是让他得到本性自由的特权，而是把他投入野兽之中，让他处于和野兽一样的不幸状态。这就是父母有权管理未成年的儿女的根源。”〔1〕因此，理性是民事行为能力享有与否的基础，也是意思自由的基础。可以说，没有理性就没有自由。

民事行为能力享有的程度以理性为基础，而理性的产生与知识的获得、积累及自然人身体的发育具有不可分性。知识的获得途径主要是通过外部输入（获得具有一定的被动性）和习得（获得具有一定的主动性），而身体发育主要体现在大脑机能的发育完成和持续存在。

民事行为能力是以意思能力为基础的，而意思能力的核心就是对自己行为的认识能力：行为人能够认识到自己行为的性质、行为在法律上的效果、行为对自己利益的影响等。所有这些认识能力是如何产生的呢？客观地看，任何一个自然人都不是从出生时起就具有认识能力的，认识能力的养成具有过程性。在自然人身体自然发育成长的过程中，通过从外界获得知识、通过自己的社会体验产生了一定的经验、通过自己对社会和他人行为的观察具备了一定是非观念的社会化过程中，其本人才会具有一定的认识能力。而这些能力养成的过程就是理性形成的过程。理性养成的状态就是自然人行为能力的状态或者类型。不满八周岁的未成年人为无民事行为能力人，由其法定

---

〔1〕［英］洛克：《政府论》（下篇），叶启芳、瞿菊农译，商务印书馆 1964 年版，第 39 页。

代理人代理实施民事法律行为；不能辨认自己行为的成年人为无民事行为能力人，由其法定代理人代理实施民事法律行为。从目前的教育过程看，自然人出生后不满三周岁是居家由其父母进行养育，而在此期间的未成年人尚未接受科学知识的教育，对于什么是可以食用的、什么是不可以食用的都不能区分，无任何危险意识，也无任何自我控制愿望和控制能力，是无理性之人，自然也无任何法律上的判断能力；从满三周岁开始，就可以到幼儿园接受学前教育，直至满六周岁。幼儿园的教育（如果称之为教育的话）仍停留在幼儿自己独立生活的方面而不是以接受形成法律上的判断能力的知识。其所接受到的教育主要是以训练养成良好的习惯为目的，如养成讲卫生的习惯、与其他小朋友分享的习惯、守纪守时的习惯、与他人合作的习惯等。当然，在此期间也会慢慢培养其形成一定的风险意识，但是这种意识尚不能使其产生正确性的判断，也不可能产生民法上的意思能力。在自然人年满六周岁后才可以正式进入国民义务教育阶段，进入小学一年级接受系统的文化课教育，在不满八周岁的年龄段内，正常情况下是小学二年级下学期结束之前。在此期间一般情况下是处于识字阶段，所识的字是有限的。如果小学二年级毕业就进入社会，还属于文盲的范围，其成年后的意思能力就与学校的教育无关，而是社会化的结果。不满八周岁的未成年人，其身体的发育尚未完成，大脑的机能亦处于成熟的过程中。由此可见，不满八周岁的自然人还不具备理性形成的基础，当然就是无理性的，故属于无民事行为能力人。对于不能辨认自己行为的成年人而言，不管其成年之前接受过什么样的教育，获得了什么样的知识内容，也不管其原来在社会上有什么经历，依靠自己习得了什么经验性知识，一旦其对自己的行为不能辨认，也就说明原来知识的丧失和大脑机能的丧失直接导致理性的丧失，将其重新归入无民事行为能力人的范围才可以实现对其个人利益的保护，才能反映出民法的理性。

八周岁以上的未成年人是限制民事行为能力人，实施民事法律行为由其法定代理人代理或者经其法定代理人同意、追认，但是可以独立实施纯获利益的民事法律行为或者与其年龄、智力相适应的民事法律行为。不能完全辨认自己行为的成年人为限制民事行为能力人，实施民事法律行为由其法定代理人代理或者经其法定代理人同意、追认，但是可以独立实施纯获利益的民事法律行为或者与其智力、精神状况相适应的民事法律行为。八周岁到十八周岁，是自然人在社会中成长和身体发育的最重要的时期，也是理性形成的最关键时期，此时自然人也是未成年人。从小学二年级到高中三年级是未成年人接受教育的过程，在此阶段所学到的，不仅仅是字词等书本上的知识，还有老师传授的社会经验、做人的道理、自我控制与判断的方式等，将自然人在社会上生存所需要的理性的基础逐步筑牢。从独自进入社会的角度看，是未成年人逐步体验社会、积累经验、将自己融入社会的一个过程。从身体发育的角度看，是未成年人从生理上不成熟到成熟的过程。这段时期的结束，就是一个自然人完全理性形成的标志，其就成为完全民事行为能力人。因此，《民法典》规定，十八周岁以上的自然人是成年人，具有完全民事行为能力，可以独立进行民事活动，是完全民事行为能力人。

人的理性形成过程，是从无理性到部分理性再到具有完全理性的发展过程。在具有部分理性的情况下，赋予其部分民事行为能力允许其进行与其理性相适应的民事法律行为，更有利于其亲身体验社会，积累社会经验，从而促进其完全理性的形成。因此民法规定，对于限制民事行为能力人，可以进行与其年龄、智力相适应的民事法律行为，其他民事法律行为由其法定代理人代理，或者经其法定代理人同意、追认。民法要求自然人以理性为基础进行民事法律行为，是为了实现民法的目的——保护自己的利益，因为每一个自然人做出的行为以增进自己利益为目的是理性的必然要求，防止因为理性的不足而损害自己的利益。一个理性不足之人的行为在结果上只存在一种可能——单纯获得利益而不承担任何义务，如果法律仍然以其理性不足而进行干涉，势必违反了民法的目的。故在《民法典》中规定，限制民事行为能力人可以独立实施纯获利益的民事法律行为。

自然人完全理性的养成需要有知识基础、社会经验的形成和身体发育的完成。但是这些基础性要素在什么时候才会具备呢？对此，在民法中必须要确立一个统一的标准才利于法律的统一适用。如果在民法中不确立一个统一的标准而是在司法实践中进行个别判断，必然出现因法官裁判的主观性造成法律适用的不统一、司法效率低下等弊端。基于法律适用的普遍性和公平性的要求，民法统一确定了十八周岁作为完全民事行为能力的标准。当然，“十八周岁”这个年龄点的确立并不是立法者主观臆断的结果，而是基于自然人身体发育的客观标准和一般自然人基于知识、社会经验等形成完全理性的标准而确立的。可以说，确立十八周岁作为成年的年龄标准是因为自然人在一般情况下年满十八周岁就具有完全理性，民事行为能力就是建立在理性基础之上。

社会中自然人的理性形成具有普遍性的规律，可以通过年龄做出统一的类型化安排，但是法律的适用并不存在绝对性，因为在任何社会环境下自然人也存在非同一般的情况。一是年满十八周岁的自然人，没有理性或者丧失了原有的理性，即不能辨认或者不能完全辨认自己的行为；二是在未满十八周岁的情况下已经具有了完全理性。对于年满十八周岁而不具有适当理性的，民法中特别规定这类成年人仍属于无民事行为能力人或者限制民事行为能力人；对于未满十八周岁而有证据证明其具有完全理性的，民法规定其可以视为完全民事行为能力人，独立进行民事活动。这种在作出一般性规定的基础上，单列例外性规定的做法，凸显了民法的人文精神。

根据法律规定，十六周岁以上的未成年人，以自己的劳动收入为主要生活来源的，视为完全民事行为能力人。此处所说的“视为”属于法律上不可推翻的推定，“视为”完全民事行为能力人，亦即“即是”。[1]完全民事行为能力的推定本质上就是完全理性能力的推定。未成年人视为完全民事行为能力人，应当符合以下条件：一是年龄条件，即必须是十六周岁以上不满十八周岁。二是收入取得条件，即强调取得收入的方式是通过自己的劳动所得。如果是通过继承所得、接受赠与所得或者其他偶然所得均不符合法律的规定。劳动是人的行为，但其在一般情况下并不是法律事实中的事实行为，而是基于劳动法律关系履行其中所确定的义务而已。劳动收入应当是固定的，而不是临时的、不确定的。[2]三是收入数量条件，即自己的劳动收入能够作为自己的主要生活来源。仅有一定的收入

〔1〕 王利明：《民法总则》，中国人民大学出版社 2017 年版，第 110 页。

〔2〕 王利明：《民法总则》，中国人民大学出版社 2017 年版，第 110 页。

还不够，必须是达到“能维持当地群众一般生活水平”[1]的程度。实际上，未成年人视为完全民事行为能力人的条件中每一项都与人的理性形成具有直接关系。从年龄条件上看，已满十六周岁其身体发育基本成熟，大脑的机能已经基本形成，自然人理性形成最核心的身体基础已经具备。从取得收入的方式上看是通过自己的劳动取得固定的收入，能够与他人建立稳定的劳动关系并取得收入，这本身就是具有理性的表现，其中包含了未成年人的判断力、控制力和自我保护能力，这都是理性中应有之义。从收入数量条件上看，能够达到维持当地一般群众的生活水平就说明未成年人在社会上的自我生存能力已经与一般社会大众无异，其理性也与一般社会大众无异。对于一个已经具有完全理性的人，如果民法还将其作为不具有完全理性的人看待，不赋予其完全独立进行民事活动所需的民事行为能力，这必然弱化了民法“以人为本”的精神。

一个自然人一旦被“视为完全民事行为能力人”，在其未成年之前，“视为完全民事行为能力人”的基础丧失，其完全的民事行为能力还存在吗？例如，年满16周岁的某甲通过与他人订立了一年的劳动合同并取得了足以维持其与当地一般群众相当的生活水平的工资，根据法律的规定可以被视为完全民事行为能力人，但是一年后劳动合同期满，他不再有任何劳动所得。此时其还能继续被视为完全民事行为能力人吗？一般认为，一旦某人被视为完全民事行为能力人，只要其精神状态未

---

〔1〕 最高人民法院1988年《关于贯彻执行〈中华人民共和国民法通则〉若干问题的意见（试行）》第2条规定：“十六周岁以上不满十八周岁的公民，能够以自己的劳动取得收入，并能维持当地群众一般生活水平的，可以认定为以自己的劳动收入为主要生活来源的完全民事行为能力人。”

发生改变的情况下，即使原来推定的基础丧失也不导致其“完全民事行为能力”状态的改变。主要理由是：推定其具有完全民事行为能力的基础是创造财富的能力和取得财富的数量，但是财富本身只是表象，是基于其创造财富的能力推定其内在理性的状态。而人的内在理性一旦形成，其具有相当的稳定性和持续性，在不受外力导致精神状态改变的情况下，只会随着时间、个人经历和知识的积累不断发展。故通过自己的劳动取得收入的变化与其主体理性和认识理性无关，被视为完全民事行为能力人的状态也就不发生改变。

五、民事法律行为与理性

（一）民事法律行为

民事法律行为是民事主体基于意思表示做出的以设立、变更、终止民事权利义务关系的民事法律事实之一种。换言之，民事法律行为是以意思表示为核心、能够产生当事人所预期的法律效果的行为。民事法律行为具有以下特征：其一，民事法律行为是民事主体实施的行为，这与引起民事法律关系产生、变更或者消灭的事件完全不同。其二，民事法律行为是当事人通过意思表示而实施的行为。民事主体实施的行为又可分为与其意思有关的和与其意思无关的。与其意思无关的行为如在精神错乱状态下实施的行为、无意识实施的行为等，均不属于民事法律行为，其也不包含行为人的目的追求。其三，民事法律行为是能够产生当事人预期的法律效果的行为。民事主体实施民事法律行为的目的在于设立、变更或者终止民事权利义务关系，这也是其实施民事法律行为所追求的法律效果。

民事法律行为的重要意义在于：其一，民事法律行为是民事主体实现私法自治的工具。私法自治是民法的基本原则，即民事主体依其自主意思决定与他人之间的民事法律关系是否建立、变更或者消灭。而民事主体的决定不是停留于其内在思想的决定，而是要外化于行为，该行为即民事法律行为。这是因为法律是调整人行为的规范而不是调整其内在的思想。其二，民事法律行为是民法任意性的直接表现。民法的任意性表现在诸多方面，如有的民事法律规范的适用上具有任意性而不是强制性，但是我们认为民法任意性最为集体、直接的体现仍是在民事法律行为制度上。民事法律行为是以意思表示为核心的民事法律事实，意思表示是当事人的意思表示，其享有充分的意思自由，与什么主体建立民事法律关系、什么时间建立民事法律关系、以什么为民事法律关系的权利和义务等，均是由当事人依据民法所给予的自由决定的，民法中没有关于权利义务的统一规定，均由当事人之意而为。其三，民事法律行为是充分体现人的能动性的法律制度，是人实现其目的意思的工具。民法作为市场经济的基本法律制度，在保护和促进人的能动性上具有其他任何部门法都不具有的优势。民法对人权利的保护本身就能促进人去创造更多的财富，民事法律行为制度坚定保护民事主体意思表示的真实性，维护其所追求的法律效果。这些规定均在促进和保护人的能动性方面发挥重要作用。

（二）民事法律行为与理性

民事法律行为制度是个人理性在民法中的集中反映，也是民法充分尊重自然人理性的集中体现。民事法律行为的构成要件和生效要件均是理性所要求的要件。

1. 民事法律行为成立与理性

民事法律行为的成立是民事主体理性行为的结果。民事法律行为的成立是民事法律行为具备其构成要件的状态。一般认为，民事法律行为的成立要件包含三方面：民事主体、内容和意思表示。民事主体是做出意思表示的当事人，是意思表示的来源，民事法律行为的内容是民事主体所设立的权利和义务，意思表示是民事主体表达其内在意思的行为。不同类型的民事法律行为，其成立的要件可能存在不同之处：对于双方或者多方民事法律行为而言，基于双方或者多方的意思表示一致而成立；对于单方民事法律行为而言，基于其意思表示做出而成立。〔1〕但不管是何种类型的民事法律行为，均与理性具有不可分的联系。

民事法律行为的成立与理性的关系表现在：

第一，民事法律行为的成立是行为理性的结果。对于单方民事法律行为而言，当事人愿意做出意思表示即致其成立，对于双方民事法律行为来讲，是双方当事人意思表示一致的结果。其中共同的一点是“愿意”，愿意或者不愿意就是理性的反映。不愿意而产生愿意的结果或者愿意而产生了不愿意的结果就不是理性的反映。

第二，民事法律行为中的主体是理性的主体。组织体不存在自身的理性，它本身就是人为的结果，是人理性行为的结果，组织体的行为也是人的理性行为，而自然人本身就是理性发展的结果。

第三，民事法律行为中的目的性追求反映的正是行为人的理性追求。目的性追求即为民事法律行为中意思表示之构成中的目的意思，是民事权利和义务。任何民事主体都是通过民事

〔1〕《民法典》第134条第1款规定：“民事法律行为可以基于双方或者多方的意思表示一致成立，也可以基于单方的意思表示成立。”

法律行为之法律事实，实现一定民事权利的。

2. 民事法律行为效力与理性

（1）民事法律行为的生效要件与理性

民事法律行为自成立时生效，但是法律另有规定或者当事人另有约定的除外。行为人非依法律规定或者未经对方同意，不得擅自变更或者解除民事法律行为。民事法律行为的生效要件是当事人具有相应的民事行为能力、意思表示真实和不违反法律行政法规的强制性规定，不违背公序良俗。

民事主体具有相应的民事行为能力时，即说明其具有一定的理性或者是充分的理性；意思表示真实，就是主体的理性真正追求的权利义务变动及其法律效果。在此情况下，认可其产生法律效力即是对理性的认可。而要求不违反法律或者行政法规的强制性规定是对当事人违反理性行为的限制，合法性是一般人理性的要求，也是民法的价值理性中重要的组成部分。

（2）无效民事法律行为与理性

无效民事法律行为是指已经成立但是欠缺法律规定的生效要件而不能产生当事人所追求的法律效果的民事法律行为。根据我国法律的规定，无效民事法律行为主要包括：无民事行为能力人实施的民事法律行为无效；行为人与相对人以虚假的意思表示实施的民事法律行为无效；违反法律、行政法规的强制性规定的民事法律行为无效；违背公序良俗的民事法律行为无效；行为人与相对人恶意串通，损害他人合法权益的民事法律行为无效。

无民事行为能力人的民事法律行为无效，是因为其根本不具有理性，其行为可能存在损害自身利益的结果，这与法律个人通过民事法律行为这种方式实现私法自治以促进个人利益之目的相悖，是反理性的；其他的几种无效民事法律行为违背了民法的价值理性，当然不能产生当事人希望的法律效果。

（3）效力待定民事法律行为与理性

效力待定民事法律行为是指民事法律行为成立后，是否能够发生效力尚不能确定，待享有形成权的第三人做出追认或者拒绝追认的意思表示以确定其是有效还是无效的法律行为。根据我国法律规定，效力待定的民事法律行为主要有：限制民事行为能力人依法不能独立实施的民事法律行为；行为人没有代理权、超越代理权或者代理权终止后仍然实施的代理行为。

对于限制民事行为能力人依法不能独立实施的民事法律行为而言，其可能存在个人理性与民法的价值理性上的欠缺：依法不能独立实施是指超出了其认识能力的范围，其行为的结果可能损害其利益，本质上是其自身不具有理性的判断能力；在自身不具有理性判断的情况下，如果任由其行为并承担不利的法律后果，当然不符合民法的理性价值。故其属于效力待定的民事法律行为，由其法定代理人决定。为什么由其法定代理人决定而不是由其他人决定呢？因为法定代理人是其监护人担任的，一般情况下是其父母或者是其他具有一定血缘关系的亲属，基于感情因素考量，对于维护无民事行为能力人或者限制民事行为能力人的利益才会尽心尽力，这本身就是理性的安排。对于无权代理行为而言，如果直接规定其无效或者有效，也与民法的价值理性不符。民法的价值理性中包含公平正义、自由等。如果直接规定无权代理行为是有效的，必然产生任由他人决定自己命运的结果，严重侵害被代理人的利益，这哪有什么公正性可言？如果直接规定其是无效的，则将侵犯被代理人和真正权利人的自由，与民法所追求的自由价值理性不符，因为无权代理行为在结果上也可能存在不会损害甚至增进被代理人利益的可能性。坚持民法的自由价值理性，涉及他们自己利益的事交由他们自己决定不更好吗？故将其定为效力待定的民事法律行为是最为理性的做法。

（4）可撤销民事法律行为与理性

可撤销民事法律行为是指民事法律行为虽已成立并生效，但因意思表示不真实，可以因意思表示存在瑕疵的行为人撤销权的行使，使其自始不发生效力的民事法律行为。根据我国法律规定，可撤销民事法律行为主要有：基于重大误解实施的民事法律行为；一方以欺诈手段，使对方在违背真实意思的情况下实施的民事法律行为；第三人实施欺诈行为，使一方在违背真实意思的情况下实施的民事法律行为；一方或者第三人以胁迫手段，使对方在违背真实意思的情况下实施的民事法律行为；一方利用对方处于危困状态、缺乏判断能力等情形，致使民事法律行为成立时显失公平的。

上述可撤销的民事法律行为分为两类：一类是意思表示不一致，另一类是意思表示不自由。意思表示不一致主要如重大误解的民事法律行为，表示出来的意思与内心真意不同，并且使自己遭受了较大的经济损失；意思表示不自由如受欺诈、受胁迫而实施的民事法律行为，行为人没有形成或者表达意思的意愿，但是在外力的作用下形成或者表达了意思表示。真意表达、真意的自由表达是民事法律行为的核心；公平正义、平等、自由是民法的基本理性价值。表达出自己的真实意思并以其为民事法律行为中意思表示的核心内容，产生权利和义务，增进自己的利益是理性人的做法，而重大误解的民事法律行为显然是非理性的。赋予误解方以撤销权是救济其意思表示瑕疵的方式，也是救济其未正确表达理性的方式。而意思表示不自由的可撤销民事法律行为，则是严重违背了民法自由、平等、公平正义的价值理性，自然不能放任不管，但是也不能强制性管制，因为这种行为毕竟损害当事人一方的利益，仍然要坚持私法自治的基本思想，故赋予意思表示存在瑕疵的一方当事人以撤销权，由其自由决定是否救济受损害的理性选择才是民法的理性做法，才能真正实现民法的价值理性。

综上所述，民事法律行为有效的构成要件、无效的民事法律行为、效力待定的民事法律行为和可撤销的民事法律行为的规定，均与理性具有不可分的联系，均体现了做出这些行为的民事主体此时此刻的理性状态或者是与民法自身所具有的价值理性的关系：有效的民事法律行为的各种要件均是理性人应当具有的要件；无效民事法律行为的类型是人在欠缺理性的情况下所做的行为，必须要对其纠正以恢复其理性，违反法律的行为必定是不理性的行为；效力待定民事法律行为的安排是在尊重个人情感因素的理性判断和民法的价值理性上的选择；而在坚持意思表示真实、自由的基础上设计的可撤销民事法律行为的规则，是将一般人的理性与民事法律关系中特定主体的理性相协调、将个人理性选择与民法的价值理性相结合的安排。这些设计安排，充分反映了民事法律制度的制定中对自然人理性的周到考虑，是民法以人为本的重要体现。

第五章

私法自治：从自由到更自由

一、私法自治

（一）私法与公法

在古罗马的法律中最初并不存在公法与私法的划分，只有市民法和万民法的划分。如在《盖尤斯法学阶梯》第一编关于人的规定中提出："所有受法律和习俗调整的民众共同体都一方面使用自己的法，一方面使用一切人所共有的法。每个共同体为自己制定的法是他们自己的法，并且称之为市民法，即市民自己的法；根据自然原因在一切人当中制定的法为所有的民众共同体共同遵守，并且称为万民法，就像一切民族所使用的法。因而罗马人民一方面使用他自己的法，一方面使用一切人所共有的法"。[1]直到古罗马法学家乌尔比安时期，才正式提出了公法与私法的划分。在乌尔比安的《法学阶梯》中指出："公法是有关罗马国家的制度，私法是有关个人利益的制度。因为它们二者一个服务于公益，另一个服务于私利益。公法调整国家祭祀、宗教事务和执法机构，私法是自然法、万民

〔1〕［古罗马］盖尤斯：《盖尤斯法学阶梯》，黄风译，中国政法大学出版社2008年版，第1页。

法和市民法三部分的总和”。〔1〕在查士丁尼所著的《法学总论——法学阶梯》中，也明确提出：“法律学习分为两部分，即公法与私法。公法涉及罗马帝国的政体，私法则涉及个人利益”。〔2〕从公法与私法早期的表述来看，其划分的标准就是法律所关系到的利益属性。服务于私人利益的就是私法，服务于公共利益的就是公法。随着社会的发展和对法律的研究，人们关于公法和私法划分的标准又产生了不同的看法，至今未形成统一的认识。有人以法的内容是否涉及国家权力关系为标准进行划分，凡法所规定的内容与国家权力发生关系者即为公法，一般包括宪法、行政法等；凡法所规定为私人间关系者则属于私法，如民法。也有人以法律关系的主体为标准进行划分，认为规范国家及其下属公共机关相互之间或者二者与普通民众之间关系的法律为公法；规范个人相互之间关系的法律为私法。还有人以法律所保护的利益属性为标准进行划分，以保护公共利益为目的的法律为公法；以保护私人利益为目的的法律为私法。客观来看，公法与私法的划分只能是相对的，以任何单一标准将任何一部法律绝对划分为公法或者私法都失之偏颇。在传统所认可的公法中也包含对私人利益的保护，在公认的私法中也存在对公共利益的维护。如在宪法中存在对公民人身权利的保护，在民法中存在的公序良俗原则、绿色原则就是以维护公共利益为着眼点。

---

〔1〕［德］马克斯·卡泽尔、罗尔夫·克努特尔：《罗马私法》，田士永译，法律出版社 2018 年版，第 61 页。

〔2〕［罗马］查士丁尼：《法学总论——法学阶梯》，张企泰译，商务印书馆 1989 年版，第 5—6 页。

公法和私法的表达在罗马并不意味着将所有法律材料自始至终严格体系化地分为两个主要领域，而是指其主要内容分成的两大部分：一部分是国家的法，另一部分是个人的法和其家庭的法。此外，还有另一种区分，认为公法是由国家创制或者至少承认对公众具有拘束力的所有的法，即使调整“私法的”关系的国家法也包括在内。这种含义无所不包，是西塞罗根据希腊的观念发展而来的学说，即认为全部法律秩序均服务于公共利益，调整私人之间法律关系的私法，就包含在这种公法里。这种公法含义的表述主要体现在以下规范中：公法不能通过私人协议改变。该规范显然是针对特别公共利益的法律规范，如果国家的法律规定是强行法而不是任意法，显然就是这样。强行法规范均需适用，而任意法规范只有在当事人未以法律行为予以变动时才可适用。〔1〕由此可见，公法与私法的划分在法律的制度层面上和理论上均具有重要作用。从制度层面上看，区分公法与私法有利于法律的适用，在理论层面上对法律进行公法和私法的分类研究，使法律的研究更加便捷，更有利于把握不同类型法律的内在特质。

经过对古罗马法学家公法与私法划分的继受，公法与私法的划分现在已成为大陆法系对于法的传统分类。

（二）私法自治的产生与发展

虽然古罗马的法学家很早就提出了私法观念，但是私法自治思想并未随之同时产生。这主要是因为在罗马法中的人并不具有权利能力上的平等性，而权利能力平等是个人基于自主意思与他人建立法律关系实现自治的基础。我们现代所称的自然

〔1〕［德］马克斯·卡泽尔、罗尔夫·克努特尔：《罗马私法》，田士永译，法律出版社 2018 年版，第 62 页。

人是指因出生而有生命的人。自然人在法律上人格平等，即为我国民法中的“权利能力一律平等”。但是在古罗马，自然人在法律上的地位存在巨大差异，有的为法律上的人，尽管其权利上存在不平等；有的在法律上不被作为人看待，与猪、牛等动物具有相同的地位，即为奴隶。

根据罗马法中所规定的市民法与万民法的适用性，其法律中的人可以分为市民和万民两类。市民是指享有市民法规定的各项权利的自由人。市民资格的取得有两种方式：一是基于出生取得。只要父母是罗马市民，其所生子女也是罗马市民，不论其出生在国内还是国外。二是因加入罗马国籍而取得。包括被解放的奴隶成为市民解放自由人、外国人因告发罗马官吏的贪污受贿使之定罪而获得奖赏取得罗马市民资格以及因军人大会或者皇帝个别或者集体地授予居民以市民权。〔1〕市民享有市民权，这是专属于罗马市民享有的权利，包括公权和私权。公权是指市民法规定的选举权和被选举权，包括参与各种议会、制定法律、选举官吏、被选举为官吏、被选任为元老院议员的权利等；私权包括婚姻权、财产权、遗嘱能力和诉讼权。依据《盖尤斯法学阶梯》中“根据自然原因在一切人当中制定的法为所有的民众共同体共同遵守，并且称为万民法，就像是一切民族所使用的法”的表述，可知万民是指罗马境内的所有人。万民的范围除市民外，还包括拉丁人和外国人。拉丁人指古罗马社会中介于市民和外国人之间的自由人。拉丁人在法律上的地位次于市民而优于外国人。在拉丁人中，也因享受权利的差异被划分为三个等级：古拉丁人、殖民地拉丁人和优

〔1〕 参见周枏：《罗马法原论》（上册），商务印书馆1994年版，第103页。

尼亚拉丁人。古拉丁人原指罗马附近拉丁姆地区的居民，后到公元 268 年罗马改变殖民制度，使古拉丁人的概念扩充到改制前所有的拉丁人。他们在拉丁人中享有的权利最多，除荣誉权外，所有其他公权及私权他们都可以享受。殖民地拉丁人即罗马殖民地的臣民，最初他们是开发殖民地的拉丁人及其后裔，所以叫殖民地拉丁人。罗马人为了同化他们，也给他们一定的优待，以示区别于外国人。他们不享有罗马市民的公权，仅在本地区享有选举权，私权也受限制，即不享有婚姻权，不能和罗马市民结婚，但有财产权、遗嘱能力和诉权。该类人的身份因公元 212 年《安托尼亚那敕令》授予罗马帝国的一般居民以市民权而消失。优尼亚拉丁人是根据罗马共和国末年制定的《优尼亚·诺尔巴那法》的规定而取得类似殖民地拉丁人身份的解放自由人。优尼亚拉丁人不但没有公权，也不享有私权中的婚姻权，其财产权也不包括继承权。他们的财产既不能由其子女继承，也不能用遗嘱处分，而是作为特有产归恩主或其继承人所有。罗马法中的外来人是指罗马市民及拉丁人以外的友邦人民，公元前 3 世纪初，指与罗马订立友好条约的国家的人民，或者虽未与罗马订立条约，但与罗马友好相处的国家的人民。到罗马共和国末年帝政以后，外来人也指被罗马征服地区的不享有市民权和拉丁人身份的自由人。他们不得享有市民法上的公权和私权。〔1〕由此可见，在罗马法中虽然存在私法与公法的划分，由于其国内的自然人存在法律上的不平等，私法的自治就当然不可能实现。

即使是罗马法上的市民，基于其身份上的不同存在法律上

〔1〕 参见周枏：《罗马法原论》（上册），商务印书馆 1994 年版，第 101—106 页。

的不平等制度，也不可能实现私法自治。因为人可以成为罗马法上支配权的客体。支配权是指直接支配客体并享受其利益的权利。在现代民法中，物权是支配权的典型。虽然人格权、身份权在性质上也可以称为支配权，但是身份权只是对身份利益的支配，而不是对他人人身的直接支配。[1]在罗马法上，人身体本身可以成为他人支配的对象。罗马法根据人们在家庭关系中的地位不同，将人分为他权人和自权人。他权人是指处于其他市民的权力支配之下的市民。这种权力在罗马法中被分为家长权、夫权和买主权三种。家长权是男性市民中的自权人在法律上对其家属所享有的支配权，也是家庭中最高和最完全的权力；夫权是指罗马的适婚男女结婚后丈夫依法取得的对妻子的支配权；买主权在两种情况下产生，一是源于罗马法上长期无雇佣契约，家属被家长出卖后就要处于买主的权力支配之下，二是由于罗马法上家属无独立人格，如果家属侵害了他人的权益，家长为避免赔偿损失，往往将致害的家属委付给受害人任其处理，使之处于受害人的买主权之下。自权人是指不受家长权、夫权和买主权支配的人。[2]

古罗马社会是典型的奴隶社会，奴隶在罗马帝国的发展中发挥了巨大作用。正如恩格斯所说过的，没有奴隶制就没有罗马帝国。奴隶虽然促进了罗马帝国的经济法发展，但是他们却没有法律上的主体资格，财产被奴隶主支配，奴隶主可以对其生杀予夺。奴隶处于主人的支配权下。这种支配权来自万民法。实际上纵观所有的民族，我们都可以发现：主人对奴隶拥

---

〔1〕 王利明：《民法总则》，中国人民大学出版社 2017 年版，第 241 页。
〔2〕 周枏：《罗马法原论》（上册），商务印书馆 1994 年版，第 107 页。

有生杀权，而且所有奴隶取得的东西，均由主人取得。[1]奴隶在古罗马法律上的地位主要表现在三方面：一是奴隶没有自己的人格，他们没有姓名、没有人身自由、没有婚姻权等；二是奴隶不是法律上的权利主体，没有财产权，所有奴隶取得的东西均由主人取得；三是奴隶不得诉讼，既不得为原告，也不得为被告。

在古代法中，罗马法是以维护私有制为基础的法律的最完备的形式，同时它又体现了商品经济的一般规律，因此导致了罗马私法的高度发达，并使之独立于公法，引起法律第一次分化为公私法两个不同部门，以致“罗马法”一词在后世成为罗马私法的同义语。[2]但是在罗马私法中存在“自治”吗？私法自治的核心是基于民事主体自己的真实意思表示自主地与他人建立民事法律关系，包括人身权法律关系和财产权法律关系。罗马法中的民事法律制度，根本目的在于维护奴隶社会的私有制，维护奴隶主的利益，而不是着眼于人的利益、丰富人的活动空间和权利、维护人的自由。其中的权利也是基于不同身份的区分属于特定群体的权利。对于奴隶和他权人来讲，根本不存在实现自我价值的法律空间。虽然在罗马法中也存在对奴隶和他权人的保护性规定，如“对于那些我们对其拥有财产权的人，我们不能实施任何侵害行为；否则，我们将因侵辱罪而承担责任”，但是它又规定“人们也不能长期受到此种待遇，通常只是形式上暂时地这样做”。[3]因此我们可以认为所

〔1〕［古罗马］盖尤斯：《盖尤斯法学阶梯》，黄风译，中国政法大学出版社2008年版，第13页。

〔2〕周枏：《罗马法原论》（上册），商务印书馆1994年版，第10页。

〔3〕［古罗马］盖尤斯：《盖尤斯法学阶梯》，黄风译，中国政法大学出版社2008年版，第40页。

谓的保护仍然是对财产的保护，而且是形式上的，具有虚伪性。由于罗马法上的人不具有平等的法律地位，没有平等的人格，更没有自我决定的自由，私法自治当然无从谈起。更何况在罗马法上还存在严格的形式要求，特别是在涉及财产交易时的强制性规范也阻碍了自治的形成和实践。因此，一般认为，在罗马私法中并不存在私法自治的思想。

真正的私法自治是近代资产阶级革命胜利以后的事情。私法自治之原则，系建立在 19 世纪个人自由主义之上，排除当时封建身份关系及各种法律对个人之束缚，废除法人（尤其是公司）之特许主义，保障私有财产之处分，实践营业自由，对于维护个人之自由与尊严，促进社会经济之发展，文化之进步，贡献至钜。[1]

法律制度是一个社会中上层建筑的重要组成部分，受经济基础决定。资本主义的生产方式是私法自治产生和存在的经济基础。在资本主义社会，生产资料、生产工具等变成了可以自由买卖的财产。随着封建社会的人身依附关系的解体，人们之间的关系日益建立在自由订立契约的基础之上，这也就是“从身份到契约”的运动。[2]18 世纪的启蒙思想家伏尔泰、卢梭、孟德斯鸠、狄德罗等，为法国大革命奠定了思想理论基础。他们崇尚个人自由、宣传人人平等的理想，反对封建特权，他们求助于理性，把理性当作一切现存事物的唯一裁判者。这些启蒙思想家的自由、平等思想最终演变成资本主义的自由平等思想，在资本主义革命后得以实现。这些自由平等的

〔1〕 王泽鉴：《民法总则》（增订版），中国政法大学出版社 2001 年版，第 185 页。

〔2〕［英］梅因：《古代法》，沈景一译，商务印书馆 1959 年版，第 95 页。

思想在《法国民法典》中得到充分体现。如在《法国民法典》中规定："所有法国人都享有民事权利","满 21 岁为成年，到达此年龄后，有能力为一切民事生活上的行为"。这从民法的角度否定了封建等级制度及其特权，强调了在法律面前人人平等的思想，进一步确立了人权平等的原则。再如，《法国民法典》规定的契约自由的原则："依法成立的契约，在缔结契约的当事人间有相当于法律的效力"，"交易范围的物品，除特别法禁止出让者外，均可出售"，"凡劳动力雇佣者可与出卖劳力者商定，一方为他方完成一定的工作，他方约定支付报酬的契约"，等等。这些规定可以使资产阶级利用契约自治原则，不受限制地进行包括劳动力在内的自由买卖、自由竞争，发财致富。除此以外，在《法国民法典》中还规定"私人得自由处分属于其所有的财产""所有权是对于物有绝对无限制地使用、收益及处分的权利"等内容。自从《法国民法典》中确立了充分的自由原则后，亦为以后的资本主义立法所吸收，私法自治亦即成为大陆法系民法中的重要原则。

在资本主义社会中，人与人相互之间的关系，一是人格独立、人格自主。每一个人都是自己的主人，并且从法律上禁止人成为他人的附庸。只有在人格上是独立的，才可能是自由的。只有自由的人才可能产生自由的意志。二是人与人之间的平等。独立的人格之间，在法律上是否拥有平等的地位呢？没有平等就是存在强制，受强制的一方当然就没有自由可言，自由与平等二者具有不可分的密切关系。因此，平等当然也就成为资本主义法律中的一项基本原则。

从私法自治的产生可以看出，在民法思想中所强调的私法自治，注定了指导两个方面社会关系的自治：一是个人生活方面，二是社会经济生活方面。这也与民法的调整对象具有不可分的关系。民法是调整平等主体的自然人、法人和非法人组织之间的人身关系和财产关系的法律规范的总称，其中的人身关系是指与人身不可分离而没有直接财产内容的社会关系，既有人格权的内容，也有身份权的内容；财产关系是指以财产的生产、分配、交换和消费为内容的社会关系。其中与个人生活方面相关的如家庭关系、婚姻关系等；与社会经济生活方面相关的如合同关系、担保物权关系等。在人身权法律关系方面要坚持私法自治的思想，在财产权法律关系方面也要坚持私法自治的思想。如果把我们的法律体系当成一个社区从上空俯瞰，民法典就会像一个典雅的中古城堡，立刻进入眼帘。城墙上高竖“私法自治”的大旗，迎风招展。私法自治始终是支撑现代民法的基础。〔1〕

（三）私法自治与意思自由

法学家给予私法自治的定义并不完全相同。有人认为，私法自治是指“各个主体根据他的意志自主地形成法律关系”〔2〕，也有的学者将广义的私法自治定义为“对通过表达意思产生或消灭法律后果这种可能性的法律承认”。〔3〕我国法学家王泽鉴先生认为，私法自治是指个人得依其意思形成其私法上的权

〔1〕 苏永钦：“私法自治中的国家强制——从功能法的角度看民事规范的类型与立法释法方向”，载苏永钦等：《民法七十年之回顾与展望纪念论文集（一）：总则·债编》，中国政法大学出版社 2002 年版，第 4 页。

〔2〕［德］迪特尔·梅迪库斯：《德国民法总论》，邵建东译，法律出版社 2000 年版，第 142 页。

〔3〕［德］迪特尔·梅迪库斯：《德国民法总论》，邵建东译，法律出版社 2000 年版，第 142 页。

利义务关系。[1]

上述关于私法自治的定义虽然存在不同，但是对于私法自治基本内涵的理解还是一致的。人们对私法自治存在以下共同的认识：其一，私法自治强调的是主体自己的意志。私法主体自己的意志必须是自主、真实的表达，才属于私法自治。如果主体在表达自己的意志时，存在自身认识上的错误或者存在外在的不当影响，则其自治也必然受到影响。其二，私法自治的结果在于形成法律关系。私法自治的基本内容在于自主决定与他人建立法律关系，即形成权利和义务。只有产生权利和义务，才能在当事人之间形成稳定的社会关系，实现当事人的目的。其三，该法律关系是私法上的法律关系。私法自治必须是形成私法上的权利义务关系的自治，也只有作为私法的民法才允许当事人自治。作为民事主体的自然人有完全的人身自由，他可以根据自己原意愿，在社会上随心所欲，这是不是民法上所讲的私法自治呢？单纯的人身自由并不是民法上所讲的私法自治。关键是看民事主体是否利用其自由的人身与他人之间建立了民事权利义务关系。

因此，一般认为，不同学者给私法自治所下定义的不同，只是文字表达方式的不同，是形式问题；对私法自治的理解是相同的，是基本思想问题，是本质。笔者认为王泽鉴先生的定义“私法自治是指个人得依其意思形成其私法上的权利义务关系”最为适当，因为该定义明确地指明了私法自治的基础是个人意思，也指明了私法自治的结果是形成私法上的权利义

---

〔1〕 王泽鉴：《民法总则》（增订版），中国政法大学出版社 2001 年版，第 245 页。

务关系，从而表明了私法自治的核心内涵。

为了对私法自治有更完整的理解，我们还必须从正反方面进行更深刻的分析：

第一，私法自治是什么。传统的民法学者往往将私法自治奉为支配整个私法的“最高原则”“民法之基础”“私法根本价值之所在”等。在这些学者看来，在私法自治与其他民法原则或者规则发生冲突时，理所当然地要维护私法的“根本价值”。〔1〕虽然从现实中的私法体系来看，并无“私法自治原则”的表达，但是在整个私法理论中，私法自治是一种思想，是制定、修改或者废止民事法律的思想。根据私法自治的思想，立法者在制定、修改、废止民事法律制度时，要坚持将民事主体的事情交由其自主决定的思想。在私法制定过程中坚持该思想，形成的法律制度也反映私法自治的思想。如婚姻自由、契约自由、遗嘱自由等都是在私法自治的思想指导下作出的规定。

第二，私法自治不是什么。私法自治是思想，它不是具体的规则，即私法自治“不是法”。即使在有的法律中或者生活中出现了妨碍私法自治的情况，我们也不能以私法自治为基础寻求补救。

法就是规则，是能直接指导人们行为的准则。法是由三部分组成的，第一部分是法律概念。法律概念是指在法律中明文规定下来的、具有普遍适用性和高度概括性的定义。在法律规范中，法律概念是基本内容之一。私法自治在法律上没有明确的概念。第二部分是法律原则。法律原则是指导立法、执法、法律解释的基本准则，但是法律原则必须是在法律中明确规定

〔1〕 董安生：《民事法律行为——合同、遗嘱和婚姻行为的一般规则》，中国人民大学出版社 1994 年版，第 59 页。

下来的。如果没有规定下来，其不能作为法律原则看待。在我国民法上有很多法律原则，如合同自由原则、当事人法律地位平等的原则等。这都是由法律明确规定了的。而私法自治之词语并没有在法律中出现。第三部分是法律规范。法律规范是直接指导人们行为的准则。它通常包括命令性规范、授权性规范和禁止性规范三种。法律规范由两部分构成，即行为模式和法律后果。根据这些规范，人们就可以知道自己可以做什么、不可以做什么。私法自治是制定民事法律规范时的指导思想之一，具体表现在民事法律制度中存在的众多自由原则，将事关当事人自己利益的事项交由当事人自己决定，而不是通过详细的强制性规定为其安排，如遗嘱自由就是私法自治的体现，一个自然人生前是否订立遗嘱、将遗产指定哪个继承人继承、继承多少份额等，都由其决定，只要遗嘱是其真实意思表示，即产生法律效力。

二、私法自治的目的与功能

（一）私法自治的目的

私法自治的目的是由其产生之时的社会基础决定的。私法自治之原则，系建立在 19 世纪个人自由主义之上，排除当时封建身份关系及各种法律对个人之束缚，废除法人（尤其是公司）之特许主义，保障私有财产之处分，实践营业自由，对于维护个人之自由与尊严，促进社会经济之发展，文化之进步，贡献至钜。[1]因此，私法自治的目的是以体现私法自治思想之法律规范形式规定个人的权利和义务边界，从而使个人

---

〔1〕 王泽鉴：《民法总则》（增订版），中国政法大学出版社 2001 年版，第 185 页。

的自由得到法律的保障，在其受到侵害时产生救济请求权的法律基础，进而也实现排除公权力对个人生活过度干涉的目的。

1. 实现个人自由的保障

自由是天赋吗？当然不是。在奴隶社会和封建社会时期，一般的社会民众是没有自由的，其一切行为无一不受到权力的管制。资产阶级革命胜利后，资本主义民主与自由的思想广为传播，排除行政权力对个人的过度干预成为首要任务。由此就产生了政治上的自由和民事法律中的私法自治。政治上的自由在宪法中得以体现，如选举自由、言论自由、结社自由等。私法自治就体现在婚姻自由、契约自由、遗嘱自由等。将个人已存在的自由以法律的形式规定下来，使个人的自由有了法律的基础，从而更好地保护个人的自由。因为权利与自由不是抽象的，而是具体的，是发展的。只有法律明确下来的权利和自由，在其受妨碍时，方能有请求权基础。以私法自治为指导思想，将该归于个人的自由和权利以法律的方式确定下来，取得了请求权基础，能更好地予以保护。

2. 排除公权干涉，激发个人的创造性

管制越多，创造性越弱，不管是在家庭生活还是在社会生活中，这都是不变之定律。私法中赋予个人自由，从与其相对之公法角度观察，对个人的限制就越少，即实现了排除公权力对个人的过度干涉目的。为配合对个人自由的保障，在公法中对个人违法行为的判定，只能坚持法定的原则，即个人的违法行为必须在法律规范中类型化，从而防止行政权力或者司法权力对个人违法行为的随意认定，产生与民法中自由相冲突的结果。在民法中，对无效民事法律行为或者其他违法行为也是采取类型法定的做法，如对无效民事法律行为、无效合同、无效婚姻等均采取列举方式，对于合法的民事法律行为在民法中只是规定其要件而不能列举其类型。对合法的民事法律行为采取推定方式判断，更能激发个人创造的积极性，促进社会物质财富和精神财富的发展。因此，民法是市场经济的基本法也是名副其实。

（二）私法自治的功能

私法自治的经济功能在于降低交易成本、提高交易效率。交易成本分析法是现代法律经济学最基本的分析方法。该分析方法起源于著名的经济学家、诺贝尔经济学奖获得者科斯的两篇论文。科斯在他的著名论文《企业的性质》中指出，企业的性质在于能节约交易成本。因为企业是一个组织，由企业家来支配资源，能够节约交易成本。而且，企业的出现，虽然没有使契约消失，但是契约确实大大减少，这也节约了交易成本。而《社会成本问题》一文，就是科斯运用交易成本理论分析法律制度对资源配置的影响。在这两篇文章发表后，人们总结出了两个科斯定理，虽然表述不完全一致，但是基本内容相同。科斯第一定理是，如果交易成本为零，不论权利如何配置，都能实现最高效率。科斯第二定理是，在现实交易成本不为零的情况下，应当将权利配置给最需要它的人。根据科斯定理，应当将权利分配给最需要它的人，从而能降低交易成本。其中，交易与交易成本是两个核心概念。交易有广义和狭义之分。狭义的交易仅指人们的经济交易，主要包括商品的买卖、租赁和服务的交换等。而广义的交易是指所有人与人之间的相互影响、相互作用、相互制约的行为。任何人与人之间的行为，不论发生在经济领域，还是社会、政治、文化领域，只要相互影响、相互作用、相互制约，都属于广义的交易。[1]对于交易成本，人们的认识虽然并不一致，但是交易成本至少包括两方面内容：一是人们所支付的经济上的代价；二是人们为了从事某种行为所支付的时间、精力等，这实际上就是人们获取信息的成本。

一般认为，民事权利实现的过程，本身也是一个交易过程，这种交易也是需要成本的。通过私法自治，能够提高效率，降低成本。这一点在财产法中的表现最为明显，主要反映在契约自由和所有权自由上面。例如，对于某人所有的一物，其有所有权自由，可以尽情使用，使该物对自己的效用达到最大。但是当他对该物产生厌恶之情即满足感下降时，由于他还有契约自由，又可以将该物处分，对其而言，换得效用大于该物的货币。而物的流动本身，也是其效用最大化的过程。因此，对于财产而言，契约自由和所有权自由能做到物尽其用，减少浪费，促进财富使用效率的最大化。

由于存在自由，自然也降低了成本。这不仅体现在财产法中，即使在婚姻法等民事法律中也有所体现。例如，从婚姻自由的角度来看，其给社会所带来的效用也远远高于成本。不自由的婚姻往往伴随的是高离婚率、家庭暴力以及由此产生的大量社会问题，如单亲家庭子女的心理问题、犯罪问题等。这些都是国家和社会的沉重负担，即成本。而与自由的婚姻相伴的是幸福的家庭、健康的身心、有效率的工作等。由此可见，私法自治的经济作用是巨大的。

当然，私法自治除有巨大的经济功能外，也存在其他方面

---

〔1〕 苗壮：“法律/制度经济分析的一般理论”，载《法制与社会发展》2004年第1期。

的功能。其一，借助私法自治实现公法上的一些权利。公法上的一些权利之实现必须借助于私法上的行为。如宪法上的出版权。作为私法上的主体，公民个人可以不经任何许可或者限制地创作，形成自己的知识产权。但是欲将自己享有知识产权的著作公之于世，需通过一定的媒体发布。这必须以民事行为的方式实现，与出版者订立出版合同、约定报酬、出版时间、违约责任等事项。因此，虽然不能认为公法上的权利均得借助私法关系实现，但是一些与个人有直接利益关系的宪法上的权利之实现仍然要借助于私法上的行为实现。而私法自治能使自己公法上的权利得以最大程度的实现。其二，私法自治也能完善个人人格，满足个人的精神需要。因为自由本身就是有巨大精神利益的权利，实现自由就会产生巨大的精神愉悦。通过私法自治，与他人建立人身权关系能达到完善人格、提升精神利益的效果，如基于婚姻自由与他人缔结婚姻关系。有时仅基于契约自由与他人建立财产关系也有精神利益方面的获得，如签订旅游合同等。

三、私法自治在民法中的体现

私法自治虽然强调的是私法主体的个人自主性，但是私法自治并不能适用于私法的全部。有人认为，意思自治原则并不是整个私法的基础，它仅与特定社会关系的法律调整问题相联系，仅与法律行为制度相联系，在这一范围之外，无意思自治原则的适用余地。[1]笔者认为这一认识虽有道理，但是并不全面。因为即使在法律行为中，也存在私法自治适用的例外情

〔1〕 董安生：《民事法律行为——合同、遗嘱和婚姻行为的一般规则》，中国人民大学出版社 1994 年版，第 59 页。

形。这正如史尚宽先生对于私法自治适用范围的认识：私法自治之原则，非适用于民法规定之全部，唯行于直接关于法律行为之领域，其关于法律行为内容虽与法律行为有关，而仅关于其基本组织或手段者，亦不适用。[1]也就是说，在法律行为之中，如果不存在内容仅关于法律行为的手段者，也可能不适用私法自治。如在合同中存在合同的形式问题，在遗嘱中也存在遗嘱的形式等法律的强制性要求，当事人的意思自治被排除在外。而且，史尚宽先生认为，关于民法总论部分，私法自治原则罕有适用的余地；在物权法及亲属法中的物权及亲属关系，适用法定主义的原则，当事人不得设定法律未规定的物权或亲属关系，民事行为亦无适用之地；在债法部分，适于当事人以广泛的意思活动之自由。[2]笔者认为，虽然私法自治在民事法律中存在这样或者那样的限制，但是不管是在物权法、债法还是在亲属法中，当事人的意思自治还是广泛地存在，只是其强弱不同而已。在我们的认识中，私法自治是在债法之合同法中存在最广泛的，但是并不能因此认为它在其他民事法律中不存在。

笔者认为虽然史尚宽先生所言“在民法总论中私法自治原则罕有适用的余地”，其例证也比比皆是，如民法总论中关于民事主体及其权利能力和行为能力的规定是不容当事人变更的，关于无效或者可撤销、可变更的民事行为的规定也是强制的，关于诉讼时效和除斥期间的规定也不容当事人变更，但是在民法总论中最重要的民事行为的产生、变更和消灭，当事人却拥有广阔的自治空间。从民法的整体来看，私法自治原则表

---

〔1〕 史尚宽：《民法总论》（精装本），正大印书馆 1980 年版，第 273 页。
〔2〕 史尚宽：《民法总论》（精装本），正大印书馆 1980 年版，第 274 页。

现在各种制度之上，如所有权自由、遗嘱自由，但其最重要者，乃契约自由。笔者认为，私法自治在民事法律制度中主要体现在以下方面：

（一）合同自由

私法自治在契约法中的体现最为完整。私法自治原则虽然涵盖许多不同面相，但真正能将私法自治原则发挥得淋漓尽致的，只有契约自由原则。〔1〕

合同是双方民事法律行为，其成立需双方当事人意思表示一致。因此，在合同法中的意思自治，必然要表现为双方当事人的意思自治，即每一方当事人都有充分表达自己真实意思的权利，并根据自己的真实意思决定合同相关事宜。

第一，合同自由表现在合同的订立阶段。《民法典》第5条规定："民事主体从事民事活动，应当遵循自愿原则，按照自己的意思设立、变更、终止民事法律关系。"订立合同是最常见的民事活动，当然要坚持自由的原则。在合同的订立阶段，当事人自愿形成订立合同的意愿，反对外来干涉，有自由选择合同的另一方当事人的权利。"当事人的意思表示一致，合同即告成立"，这种意思表示就是自由的意思表示，这表明一份合同能否成立，是以当事人意思表示是否一致为判断标准，而当事人意思表示是否一致取决于自由选择的结果。

第二，合同自由表现在合同的订立过程中。一是合同形式的选择。《民法典》第469条第1款规定："当事人订立合同，可以采用书面形式、口头形式或者其他形式。"由此可见，合同的订立形式一般情况下是由当事人自主决定的，合同法中只是

〔1〕 陈自强：《民法讲义Ⅰ：契约之成立与生效》，法律出版社2002年版，第6页。

给当事人提供了选择而已，选择的范围也是充分的，覆盖了社会生活中所存在的合同形式之全部。二是合同的内容由当事人自由决定。合同的内容从内在看是合同的权利和义务，其外在表现形式就是合同的条款，二者是本质与形式的关系。《民法典》第 470 条第 1 款规定："合同的内容由当事人约定，一般包括下列条款：（一）当事人的姓名或者名称和住所；（二）标的；（三）数量；（四）质量；（五）价款或者报酬；（六）履行期限、地点和方式；（七）违约责任；（八）解决争议的方法。"对于合同的主要条款，首先是由当事人约定的，这是合同自由的结果而不是强制的结果；对于合同法中的列举，仍然给予当事人自由选择；如果合同内容缺失或者不明的，最优方式还是由当事人进行协商确定。这都是合同自由的贯彻执行。如果当事人在合同书中使用了格式条款损害对方当事人的利益，该条款无效。其根本原因并不是结果上造成一方当事人利益的损害，而是该损害并不是基于当事人风险自担的意愿，是对其意思自由的侵害。当事人还可以参照各类合同的示范文本订立合同，当事人在订立合同时，还可以决定是否委托代理人代为进行等。

第三，合同自由表现在合同订立后对合同内容的变更和合同权利义务的终止方面。即使是对于一份有效合同，在当事人协商一致的基础上，仍然可以对合同的内容进行变更或者解除，这也是合同自由的一部分。《民法典》第 543 条规定："当事人协商一致，可以变更合同。"第 562 条第 1 款规定："当事人协商一致，可以解除合同。"契约必须信守是维护合同自由的要求，是将当事人的自由意志转化成实际效果，但是如果双方协商一致对合同变更、解除，仍然是合同自由原则的实践。

《民法典》合同编中涉及合同自由的内容还有很多，如在合同一方当事人的意思受到外在强制的情况下，即其意思表示不自由时，他可以选择申请变更或者撤销合同，也可以选择认可，这是其意思自由的体现；在合同的担保方面，是否提供担保、提供何种类型的担保是由当事人自主决定的。当然，如果其担保属于担保物权的内容，法律只是规定了物权担保的效力、形式和实现方式等方面，但是在担保的产生、变更和消灭方面，当事人是具有充分的意思自由的。在涉及典型合同的具体规定中也有很多授权性的规定，如“当事人可以在买卖合同中约定买受人未履行支付价款或者其他义务的，标的物的所有权属于出卖人”，“试用买卖的当事人可以约定标的物的试用期限”，“供用电合同的履行地点，按照当事人约定；当事人没有约定或者约定不明确的，供电设施的产权分界处为履行地点”，“借款合同应当采用书面形式，但是自然人之间借款另有约定的除外”，“托运人应当按照约定的方式包装货物”，等等。所有的“约定”性制度均是私法自治在合同法中的体现，也是合同法的具体规范落实合同自由原则的重要体现。而“约定”一词贯穿于合同法的始终。因此，私法自治在合同法中的体现最为充分，合同自由原则及以合同自由原则为指导制定的具体的合同法规范是私法自治得以实践的重要方式。

（二）所有权自由

物权法定是现代物权法的基本原则之一，这是由物权的绝对性决定的。但是物权法定的基本内容是指物权的类型、物权的内容、物权的变动和物权的效力等。物权法虽然是强行法，但是也是私法的重要组成部分，也必然在一定程度上具备私法自治的特征。可以说，物权法定和私法自治是解读物权法律制度的两把重要钥匙。[1]

在《民法典》物权编中，基于私法自治思想而制定的制度也广泛存在，主要表现在：

第一，授权当事人可以通过约定解决某些物权问题，法律的规定对当事人的意思自治起补充作用，仅在没有约定的情况下适用。如《民法典》第228条规定："动产物权转让时，当事人又约定由出让人继续占有该动产的，物权自该约定生效时发生效力。"第284条第1款规定："业主可以自行管理建筑物及其附属设施，也可以委托物业服务企业或者其他管理人管理。"关于共有物的管理，《民法典》规定共有人按照约定管理共有的动产或者不动产；没有约定或者约定不明确的，各共有人都有管理的权利和义务；对共有物的管理费用及其他负担，有约定的，按照约定；没有约定或者约定不明的，按份共有人按照其份额负担，共同共有人共同负担；共有人约定不得分割共有的动产或者不动产以维持共有关系的，应当按照约定，但共有人有重大理由需要分割的，可以请求分割；没有约定或者约定不明确的，按份共有人可以随时请求分割，共同共有人在共有的基础丧失或者有重大理由需要分割时可以请求分割。从上述内容可以看出，只要在不涉及物权种类、内容、物权变动方式和物权效力的情况下，物权法律制度中还是比较充分体现了自治思想的。

第二，在权利行使方面赋予当事人自由，《民法典》物权编仅对权利行使进行一般性的限制。如在所有权方面表现为所有权自由，即权利人在不违反法律的情况下，可以自由行使其

---

〔1〕 申卫星：《民法基本范畴研究》，法律出版社2015年版，第297页。

所有权。《民法典》第 240 条规定："所有权人对自己的不动产或者动产，依法享有占有、使用、收益和处分的权利。"第 272 条规定："业主对其建筑物专有部分享有占有、使用、收益和处分的权利。业主行使权利不得危及建筑物的安全，不得损害其他业主的合法权益。"根据该规定，权利人也可放弃占有、使用等权利，这也是其自由行使权利的必然要求。

第三，允许当事人基于意思自治决定某些物权能否产生，而不是由法律进行强制性的规定。物权中存在一些以当事人的意思自由为基础产生的类型，如用益物权、担保物权。如果没有当事人基于意思自治订立合同，这种类型的物权就只能停留在法律文本中，就不可能发生在实际的社会生活中。因此在《民法典》物权编中就必不可少地存在众多以自由契约建立物权的规定，如第 367 条第 1 款规定："设立居住权，当事人应当采用书面形式订立居住权合同。"第 373 条第 1 款规定："设立地役权，当事人应当采用书面形式订立地役权合同。"

（三）婚姻自由

《民法典》婚姻家庭编中的强制性规定远比契约法中的明显，如结婚的年龄、形式，夫妻间的权利和义务等，不容许私法自治，因为婚姻关系是私法关系中最具有公共性影响的内容。良好的婚姻关系不仅影响到夫妻之间日常生活的质量，对社会的稳定、人口有质量的增长和国家未来的发展均产生影响。但是在婚姻法中也有一定私法自治的体现。

第一，表现为婚姻自由，既包括结婚的自由，也包括离婚的自由。《民法典》婚姻家庭编第 1041 条明确规定实行婚姻自由的婚姻制度，第 1042 条第 1 款明确规定："禁止包办、买卖婚姻和其他干涉婚姻自由的行为……"第 1046 条规定"结婚应当男女双方完全自愿，禁止任何一方对另一方加以强迫，禁止任何组织或者个人加以干涉。”由此可以看出，《民法典》对婚姻自由的要求是如此坚决，无任何妥协的余地。对于登记结婚后的共同生活，《民法典》第 1050 条规定：“登记结婚后，按照男女双方约定，女方可以成为男方家庭的成员，男方可以成为女方家庭的成员。”在男女双方婚姻关系缔结后，欲解除婚姻关系的，当事人也可以选择基于自治的方式完成。《民法典》规定，男女双方自愿离婚的，准予离婚。双方必须到婚姻登记机关申请离婚。婚姻登记机关查明双方确实是自愿并对子女和财产问题已有适当处理时，发给离婚证。在离婚后，男女双方自愿恢复夫妻关系的，必须到婚姻登记机关进行复婚登记。

第二，表现在对于违背婚姻自由的处理，是将申请撤销的权利交由当事人自主决定行使。《民法典》第 1052 条第 1 款规定：“因胁迫结婚的，受胁迫的一方可以向人民法院请求撤销婚姻。”可撤销婚姻制度的设立，是将影响当事人利益的事项交由当事人以其自主的意思决定而不是强制无效，也是私法自治在婚姻家庭制度中的重要体现之一。

第三，表现在夫妻关系存续期间财产问题的处理上。《民法典》第 1065 条规定，男女双方可以约定婚姻关系存续期间所得的财产以及婚前财产归各自所有、共同所有或者部分各自所有、部分共同所有。夫妻对婚姻关系存续期间所得的财产以及婚前财产的约定，对双方具有法律约束力。由此可见，法定的夫妻共同财产制只是对当事人未约定情况下的补充而不是强制。在终止婚姻关系时，对于财产的处理，当事人也可以自由协商确定。《民法典》第 1087 条第 1 款规定：“离婚时，夫妻的共同财产由双方协议处理；协议不成的，由人民法院根据财产的具体情况，按照照顾子女、女方和无过错方权益的原则判决。”在离婚时当事人之间履行扶养义务方面，《民法典》第1090条规定：“离婚时，如果一方生活困难，有负担能力的另一方应当给予适当帮助。具体办法由双方协议；协议不成的，由人民法院判决。”

（四）遗嘱自由

法定继承是继承制度中的一项重要内容，其中虽然包含“法定”一词，但是其是否如物权法定一样具有强制性呢？答案是否定的。《民法典》继承编中的法定继承是对遗嘱继承的补充：只在被继承人未订立遗嘱或者涉及遗嘱未处理的遗产继承时才适用法定继承制度，遗嘱继承优先。这说明在继承法律中自由仍然是处于主导地位的。

私法自治原则在继承制度中主要表现在两个方面：

第一，体现在订立遗嘱上。订立遗嘱的行为是单方民事法律行为，由立遗嘱人的单方意思表示即可以成立。在《民法典》继承编中是实行遗嘱自由的原则的。遗嘱自由的原则，从根本上看是由“所有权自由”来决定的，因为遗嘱的核心内容是被继承人对于其所有的财产的处理，其自由处理财产的基础是其对于该财产享有处分权。因此，被继承人到底欲将其所有的财产在其死后归与何人，完全由他自主决定。他完全可以不按法定继承的顺序决定，通过遗嘱的方式将其财产给予某一个继承人。在其决定将遗产归与某几个继承人时，他也可以按照自己的意愿确定不同继承人所得的份额。法律规定的继承顺序以及继承份额，只在被继承人没有遗嘱的情况下才能适用，是对于被继承人意思自治的补充而不是替代。《民法典》

第 1133 条第 1—3 款规定："自然人可以依照本法规定立遗嘱处分个人财产，并可以指定遗嘱执行人。自然人可以立遗嘱将个人财产指定由法定继承人中的一人或者数人继承。自然人可以立遗嘱将个人财产赠与国家、集体或者法定继承人以外的组织、个人。"对于遗嘱人所立之遗嘱，其享有撤回权和变更权以实现自己的意思自由，《民法典》第 1142 条第 1 款规定："遗嘱人可以撤回、变更自己所立的遗嘱。"

第二，体现在订立遗赠扶养协议上。《民法典》第 1158 条规定："自然人可以与继承人以外的组织或者个人签订遗赠扶养协议……"遗赠扶养协议完全是当事人基于意思表示自由而为的民事法律行为，是其所追求的法律效果的保障。对于当事人未以意思表示处理又无人继承的遗产，才归国家所有；死者生前是集体所有制组织成员的，归所在集体所有制组织所有。

四、私法自治的实践

（一）民事主体权利能力平等是实现私法自治的基础

私法自治既是排除行政权力对个人自由的妨碍，也排除其他外在因素对民事主体意思自由的妨碍。在限制行政权力对个人的妨碍方面，主要有行政法律对行政权力进行约束，在排除其他民事主体对某一民事法律关系中的主体的自主意思造成妨碍时，法律首先规定了民事主体的权利能力平等。这一平等是宪法上的人人平等在民事法律中的体现。民事权利能力是指民事主体享受权利、承担义务的能力，或者说是资格。在现代社会，人人平等的观念早已深入人心，人人平等也是所有法律上的一个基本原则。民事权利能力平等，其基本思想就是在民事行为中，不存在地位高低的问题，都平等享受权利，平等承担义务。只有主体的平等，才会有主体真实自主表达意思的基础，否则不可避免会受到外在影响。因此，民事权利能力平等为实现私法自治打下了一个很好的基础。

（二）民事行为能力是实现私法自治的前提

民事行为能力是指民事主体以自己的行为享受权利、承担义务的能力。在什么情况下民事主体才能以自己的行为亲自享受权利承担义务呢？就是其具有自治能力。民事主体的自治能力就表现在其自主判断基础之上。只有具有适当的理性之人，才会做出正确的判断。由于人的社会性以及人本身存在的差异，其自治能力存在较大差异，根据这一事实，法律上将人的民事行为能力分为完全民事行为能力人、限制民事行为能力人和无民事行为能力人三类。在此我们必须注意的是，从法律上将人的民事行为能力分为三类，根本不存在歧视性的目的，根本不违反人人平等的思想，而是为了更好实现人人平等。

其划分的标准具有内在和外在两个层面。我们通常看到的都是外在层面，如以年龄和自然人的精神状态将其分为完全民事行为能力人、限制民事行为能力人和无民事行为能力人。但是将人的行为能力分三等的内在标准是建立在人的意思能力之上的。民事主体的意思自治能力是对其进行类型划分的根本标准。因为当人的认识能力和社会经验欠缺时，如果不对其自治能力进行限制，反而可能损害他自身的利益。在这种情况下，为了对其予以保护，要求所有的民事主体应当具有相应的民事行为能力。

对于欠缺民事行为能力的民事主体，由其法定代理人代为进行民事行为是其实现私法自治的重要保证。

(三) 民事法律行为是实现私法自治的最重要途径

实现私法自治的手段，即为法律行为。自由不同，实现私法自治原则的手段亦不同。不同的自由，皆有其相对应的法律行为类型。将法律行为理解为实现私法自治原则的手段，是从法律行为的功能去理解法律行为在法律原则中所扮演的角色，可以称为法律行为的功能性概念。〔1〕

在人人平等的基础之上，在享有适当的民事行为能力的前提下，民事主体的意思自治能否自动实现呢？并不能。民事主体要想实现其私法上的自治，必须通过法律行为来表达其意思，实现其自治。通过法律行为与他人之间建立民事法律关系是实现私法自治的最重要的途径。

当事人自由委托代理人代为进行民事行为是其实现私法自治的重要补充方式。虽然民事主体亲自缔结民事法律关系实现其私法自治是常态，但是其通过委托代理人代为进行民事行为仍是对其私法自治的补充甚至是扩张。代理制度有效地解决了民事主体在进行民事行为时的知识经验不足、时间不足、精力不足等问题，使一个民事主体在同一时间、不同地方、不同领域充分表达自己的意思，对其自治的扩张甚为明显。

五、私法自治的保障

民法中的撤销权、追认权等是维护私法自治的手段，也是当事人维护其意思自由的工具。其基本原因在于：无效所体现的立法价值不是维护当事人的利益，而是为了国家、社会的公共利益。撤销或者追认是赋予当事人维护自己利益的工具，至

〔1〕 陈自强：《民法讲义Ⅰ：契约之成立与生效》，法律出版社2002年版，第6页。

于当事人是否行使，还是坚持“私法自治”的思想的，即当事人要行使就行使，不行使法律也不加以干涉。

由此可以看出，私法自治和法律行为具有目的和手段的关系。自治既是民法的思想基础，也是目的，而达到自治目的的基本途径却是法律行为。法律行为是实现私法自治的基本手段。如果一个法律行为出现了问题，必然影响到作为目的的私法自治的实现。所以，保护法律行为就是保护私法自治。而法律行为中最核心的要素是意思表示。因此，保护民事主体的意思表示自由就可以等同于对私法自治的保护。从民法、契约法等内容来看，对意思表示进行保护的主要方式是给予意思表示不自由的一方当事人以形成权来保护其意思的自由。根据权利之作用，可以将权利分为支配权、请求权、形成权和抗辩权。〔1〕形成权是指依权利者一方之意思表示，使得权利发生、变更、消灭或产生其他法律效果之权利。形成权主要包括撤销权和追认权。

（一）撤销权

撤销是对既存法律关系的改变，是使既存的法律关系之效力消灭。根据《民法典》的规定，基于重大误解实施的民事法律行为，行为人有权请求人民法院或者仲裁机构予以撤销；一方以欺诈手段，使对方在违背真实意思的情况下实施的民事法律行为，受欺诈方有权请求人民法院或者仲裁机构予以撤销；第三人实施欺诈行为，使一方在违背真实意思的情况下实施的民事法律行为，对方知道或者应当知道该欺诈行为的，受欺诈方有权请求人民法院或者仲裁机构予以撤销；一方或者第

〔1〕 王利明：《民法总则》，中国人民大学出版社 2017 年版，第 241 页。

三人以胁迫手段，使对方在违背真实意思的情况下实施的民事法律行为，受胁迫方有权请求人民法院或者仲裁机构予以撤销；一方利用对方处于危困状态、缺乏判断能力等情形，致使民事法律行为成立时显失公平的，受损害方有权请求人民法院或者仲裁机构予以撤销。《民法典》所规定的可以撤销的民事法律行为，均是意思表示存在瑕疵的行为，而造成瑕疵的原因就是自由的真实意思未得到表达。通过赋予当事人撤销权，由其撤销对其具有约束力的法律行为从而恢复其自由的真实意思表达的机会，就是对私法自治的保障。

根据法律规定，有下列情形之一的，撤销权消灭：一是当事人自知道或者应当知道撤销事由之日起一年内、重大误解的当事人自知道或者应当知道撤销事由之日起 90 日内没有行使撤销权；二是当事人受胁迫，自胁迫行为终止之日起一年内没有行使撤销权；三是当事人知道撤销事由后明确表示或者以自己的行为表明放弃撤销权；四是当事人自民事法律行为发生之日起五年内没有行使撤销权的，撤销权消灭。从《民法典》的规定来看，都是将维护当事人的意思自由放在第一位的，即将是否撤销的决定权交由意思表示存在瑕疵的一方自己行使，由他来决定是否维护自己的意思自由。维护或者不维护都是私法自治的体现。但是对于已生效的民事法律行为而言，其稳定性又直接影响对方当事人、第三人甚至社会的利益，此时必须处理好当事人之间利益的平衡、民事法律关系当事人的利益与第三人的利益甚至社会利益之间的平衡问题。其最佳方式就是在撤销权上施加一定的期限限制，防止已经生效的民事法律行为长久处于不决之境地。

（二）追认权

追认权是民法规定的特定主体对无权代理人、无处分权人或者限制民事行为能力人所为的未能生效的民事法律行为承认从而使其成为有效民事法律行为的权利。追认行为是一种单方法律行为，对效力待定行为的承认或拒绝均取决于本人单方意志，无需征得行为人或第三人的同意。一个既存法律关系，即使违背了一方当事人的意思，作为一个理性之人，基于利益考量，他也可能承认该法律关系的约束力，此为追认。根据《民法典》的规定，限制民事行为能力人实施的纯获利益的民事法律行为或者与其年龄、智力、精神健康状况相适应的民事法律行为有效；实施的其他民事法律行为经法定代理人同意或者追认后有效。相对人可以催告法定代理人自收到通知之日起30日内予以追认，法定代理人未作表示的，视为拒绝追认。民事法律行为被追认前，善意相对人有撤销的权利。行为人没有代理权、超越代理权或者代理权终止后，仍然实施代理行为，未经被代理人追认的，对被代理人不发生效力。相对人可以催告被代理人自收到通知之日起30日内予以追认，被代理人未作表示的，视为拒绝追认。

从法律后果上看，追认权的行使结果是使效力待定的民事行为变成有效的民事法律行为，本人的追认具有溯及力，一经追认，其效力待定的行为自始有效，使未经授权的效力待定行为与效力确定行为具有相同的法律后果；从对私法自治的保障上看，追认或者拒绝追认却是对当事人自由的救济。

六、私法自治的限制

虽然私法自治是民事法律的重要思想基础，对于整个民事法律规范之内容产生了重要的影响，使民法以个人为本位，成为权利法，但是法律对于私法自治还存在一定的限制。这种适当的限制是民法协调个人利益与国家利益、社会利益或者第三人利益的必然要求，是民法社会化的重要体现。这正如苏永钦所言，私法自治中的国家强制比比皆是，从民法典到外于民法典的民事规范，国家的强制处处可见，只是强制的性格、目的和效果不尽相同而已。〔1〕孟德斯鸠也曾说过，“在一个有法律的社会里，自由仅仅是：一个人能够做他应该做的事情，而不被强迫去做他不应该做的事情。如果一个公民能够做法律所禁止的事情，他就不再有自由了，因为其他的人也同样会有这个权利”。〔2〕

《民法典》中虽然处处能体现出私法自治的精神，但是对其的限制也不鲜见，从总则编到物权编、合同编、婚姻家庭编等均有体现。如总则编中的守法和公序良俗原则，合同编中关于缔约的强制的规定、关于格式合同的相关规定，婚姻家庭编中关于夫妻之间权利和义务的规定等，都是对于当事人自己意思的排除。所有这些限制，都是针对民事法律行为的，因为民事法律行为是实现私法自治的基本途径。《民法典》中对私法自治的限制，一是以列举的方式为民事行为作出了一些强制性规定，要求民事行为不能违反这些强制性规定。强制性规定包括命令性规定和禁止性规定两种。命令性规定是要求民事主体必须履行的，是积极的，如结婚的年龄要求。禁止性规定是要求民事主体在进行民事行为时不能出现的，是消极的，如规定行为人与相对人以虚假的意思表示实施的民事法律行为无效；

---

〔1〕苏永钦：“私法自治中的国家强制——从功能法的角度看民事规范的类型与立法释法方向”，载苏永钦等：《民法七十年之回顾与展望纪念论文集（一）：总则·债编》，中国政法大学出版社 2002 年版，第 4 页。

〔2〕［法］孟德斯鸠：《论法的精神》（上册），张雁深译，商务印书馆 1963 年版，第 182—183 页。

违反法律、行政法规的强制性规定的民事法律行为无效；违背公序良俗的民事法律行为无效；行为人与相对人恶意串通，损害他人合法权益的民事法律行为无效。再如《民法典》规定提供格式条款一方不合理地免除或者减轻其责任、加重对方责任、限制对方主要权利的格式条款无效等。二是采取高度概括的方式为民事法律行为设定了条件，该条件就是对公序良俗、公共利益的尊重。至于民事法律行为是否符合要求，只能就个案进行考量，这通常是法官的职权。因此，私法自治是相对的，是在法律规范内的自治，任何突破法律对私法自治之范围的限制的民事法律行为，都不能产生当事人所追求的法律效果。

第六章

民法与交易安全

一、交易安全

安全是指不存在权利受到侵害的状态以及客观环境的稳定性和有序性。安全的实现依赖于一个整体的环境，包括人的因素（包含道德意识、法律观念、个人理性、个人品格）、政治因素、经济因素、社会因素甚至国际因素等。从安全得以保护的权利角度观察，有人身安全、财产安全、制度安全、经济安全、金融安全、国家安全等。其中的经济安全是指经济运行秩序的稳定性、经济发展的持续性以及不受国际环境影响的状态，如出现大规模的金融违约破坏经济安全、外国的经济制裁损害一国的经济安全等。可以说任何存在现实影响或者可能影响经济秩序、金融秩序的行为都是对经济安全的破坏。而本章所讲的交易安全仅指经济安全中的一个特定环节，指国内经济生活中当事人之间进行财产交换时的安全性，换言之，就是合同的安全。合同是交易的法律形式，是经济基础在上层建筑中的反映。

交易安全的主要特点是：其一，交易安全或者不安全直接影响到的利益主体是双方当事人，间接对国家的整体经济安全有影响；过多的交易不安全就会破坏国家的经济安全；在极端情况下，少数的当事人之间的交易不安全也可能给国家的经济安全造成损害，如巨额的金融债务违约。其二，交易的安全性保障措施依赖当事人自己的设计。交易安全的保障措施与交易合同都属于当事人意思自治的范围，在不违反法律、行政法规禁止性规定的情况下，由当事人自主决定是否适用以及适用的具体方案，如设立抵押、质押、保证等担保方式保证交易的安全性等。其三，交易安全是民法上的范围，是从民事法律行为的效力、民事权利义务的实现等方面进行的考虑，与政治、行政等民事法律调整对象以外的事项无直接关系。其四，交易安全包含两方面的含义，一是交易的有效性，二是权利的可实现性。交易的有效性是基础，如果合同无效，权利就失去了法律上的基础。但是交易有效权利受法律保护，并不等于权利一定是可实现的，实现权利才是当事人从事交易的根本目的。

合同交易是当事人实现自己特定生产、生活目的的法律途径，也是国家整体经济运行中的一个节点。交易是否安全直接影响到当事人生产、生活目的的实现（即法律上权利义务的实现），也对国家的金融秩序和经济秩序产生间接甚至直接的影响。

（一）交易安全与当事人的权利

交易的安全性直接决定了当事人从事法律行为时所追求的法律目的——权利变动能否实现。民法中的交易本身是一项民事法律行为，是以当事人意思表示为核心的设立、变更、终止民事权利义务关系的民事法律事实。当事人从事一项民事法律行为时都包含特定的目的，即民事权利义务的变动。人们对于目的的理解包括两个方面，一种是生活上的，另一种是法律上的。生活上的目的反映的实际上是当事人做出某种行为时的内心动机，这符合大众化的理解。如某人以投资为目的而购买房屋，大众即将其从事房屋买卖法律行为或者交易的目的理解为投资。但是从民法上看这只是其从事该民事法律行为时的动机，而不是其从事该民事法律行为时的目的。当事人从事民事法律行为时是基于其意思表示进行的，其中的意思表示所包含的目的即为法律上的目的，是指当事人所希望产生的权利及义务，权利是其直接追求的，而义务是其权利能得以实现的基础。只有该交易是安全的前提下，其从事该交易的法律上的目的即获得该房屋的所有权才能实现。交易安全的价值在于维护当事人从事法律行为时所追求的权利义务的实现，与动机无关。动机不达，一般情况下在民法上是无救济的，除非相对人或者第三人存在欺诈。

如果合同是无效的，当事人的目的当然就不能实现；如果合同是可撤销的或者是效力待定的，其权利的实现也存在极大的不确定性，安全性自无可言。只有有效的合同，当事人交易的目的才存在实现的可能。

（二）交易安全与第三人权利保护

民法中的交易行为，不仅关系到交易当事人之间的利益，在诸多情况下也涉及第三人利益。随着社会的发展，交易形式的多样性、交易范围的广阔性和交易内容的复杂性等均展现出前所未有的新局面，要求交易相对人探求交易背后的客观真实必然降低效率、增加交易成本，不符合市场经济的要求，如果不从法律层面上设立维护交易安全的制度，必然对第三人的利益也产生重要影响。例如，无权代理对第三人利益的影响问题。由于无权代理属于效力待定的民事法律行为，其效力能否发生取决于本人是否追认，而相对人处于无助之状态，其利益显然不能得到充分的保护。而物权公示与公信原则却能实现对第三人利益的保护，只要物权进行了公示，基于公示出来的物权就推定其具有正当性，即使与实际情况不符；第三人基于此公示而产生的信赖受保护，即为公信力，其从事交易的安全性即得到保护。因此，交易安全在保护第三人利益时也应当发挥重要作用。

二、交易安全与社会主义市场经济秩序

社会主义市场经济就是同社会主义基本社会制度结合在一起的市场经济，体现社会主义的根本性质。市场经济是让市场对资源配置起决定性作用的经济体制，它使经济活动遵循价值规律的要求，适应供求关系的变化；通过价格杠杆和竞争机制把资源配置到效益最好的环节中去，并使企业实现优胜劣汰；运用市场对各种经济信号反应灵敏的特点，促进生产和需求的及时协调。市场经济就是法治经济。这是因为在市场经济体制下，物质财富的生产、分配、交换和消费都是依靠自由的市场主体通过契约的形式连接在一起的。这些契约得以履行的过程，也就是社会经济正常发展的过程，是社会经济秩序良好的表现。任何一个环节（契约）的中断，必然导致经济流转的中断，或多或少地影响市场经济秩序。因此，必须保证契约得到履行。为了保证契约得到履行，必须有完善的物权法律和债权法律等规范。离开了法律，离开了当事人对法律的敬畏和遵守，特别是对契约关系的信守，市场经济就难以为继。另外，反不正当竞争法、反垄断法等经济法律在维护有序的竞争秩序、维护市场主体公平的交易机会、保护消费者权益等方面也发挥着重要作用。没有法律的规制，就难以防范市场经营者因

单纯追求利润损害消费者和其他经营者利益的行为，仅通过道德的要求使其诚实守信是不可靠的。因此我们说市场经济就是法治经济。市场经济法律体系是由调整市场经济运行关系与管理关系的法律规范组成的有机整体。社会主义市场经济法律体系中，民法和经济法发挥不可替代的作用。其他部门法如行政法等也都是以宪法为基础制定的，它们在保护社会主义市场经济秩序中协调一致，共同发挥重大作用。尤其以民法与市场经济的关系最为密切。

（一）市场经济的基本特性

1. 市场经济是自由经济

这里的自由，体现在市场经济生活的各个方面。首先，从市场主体资格取得开始。市场主体是市场活动的基础，也是社会财富的创造者。一个市场中，其从事经营活动的主体愈多，其创造财富的机会愈多，社会的财富积累愈快。在市场经济条件下，市场主体资格的取得是自由的。在符合国家法律规定的条件下，任何个人或者组织都能成为市场主体，从事相应的经营活动。其次，表现在市场经营活动中。市场主体的经营活动是创造财富的直接行为，最主要的表现就是进行竞争性的商业经营行为。市场主体经营活动的自由主要表现在：从外部来看，一是是否进行竞争的自由，二是市场主体选择竞争方式的自由，三是自主选择经营内容的自由（这个自由是市场主体在登记之前做出选择，登记以后就确定下来，主体并不享有随意变更的权利，但是根据《民法典》第505条的规定，当事人超越经营范围订立的合同的效力，不得仅以超越经营范围确认合同无效）。从内部来看，自由性表现在市场主体对其本身的人、财、物方面的自由和经营管理权方面的自由。最后，表现在市场主体退出制度方面。市场主体进入市场是自由的，其退出市场也是自由的。只要经过法定的程序，市场主体可以终止其市场主体资格，不再从事市场经营活动。

当然，市场主体所享有的自由也是在法律范围内的自由。只有符合法律规定的条件，市场主体才可以在法律范围内自主选择。离开了法律的规定，自由和权利不复存在，取而代之的是相互的侵害、掠夺，正义也不再出现，市场经济秩序将受到损害。

2. 市场经济是平等经济

市场交易主体享有独立性与平等性。正如马克思所言，在市场交换中，“互相对立的仅仅是权利平等的商品所有者，占有别人商品的手段只能是让渡自己的商品”，而商品是“天生的平等派”。可见，主体的平等性与独立性是交易关系最基本的特征。所谓的独立，是指交易当事人都具有独立的主体资格，相互之间不存在隶属关系和依附关系。所谓的平等，是指交易当事人在法律上的地位平等，任何一方都有不享有大于对方的权利，更不得把自己的意志强加给对方。当然，法律地位的平等，并不代表在现实生活中的真正平等。法律上所规定的是理想的状态，是“应当出现”的状态。当现实生活中的情况与法律的规定不一致时，可以诉诸法律寻求保护。如果法律上没有规定当事人的地位平等，那么在现实生活中出现倚强凌弱的现象也就成为合法的了。主体的独立性是主体法律地位平等的基础，存在依附关系的主体之间是不可能平等的。而法律地位的平等是对主体独立人格的保障，如果法律没有规定独立主体之间的平等地位，那么这种独立是没有任何真正意义的。

3. 市场交易的有偿性[1]

正如马克思所说，“商品交换就其纯粹形态来说是等价物的交换”。市场主体间的交易活动一般情况下是在坚持有偿原则的基础上进行的。因为只有实行有偿的交易，当事人追求经济利益的目的才能实现，而追求经济利益是市场主体从事经营活动的主要目的。

4. 市场经济最能激发人创造财富的积极性

市场经济与计划经济相比，最大的优点就是极大地解放了生产力，解放了人，调动了人的积极性和创造性，促进了资源的有效配置和使用效率，也促进了社会财富的增长。财富是人生存的基础，也是国家发展的根本。可以这么说，人类社会进步的过程，就是社会财富不断积累的过程。为什么市场经济可以发挥如此大的作用呢？一般认为，这是由市场经济的本质决定的。人们的各种自由和权利在市场经济中得到充分的认可和完善的法律保护，每一个市场主体都能够直接享受到自己劳动的成果，这当然就激发起创造财富的积极性。个体财富的增长，也促进了社会总体财富的增长。

(二) 民法的基本特性

民法作为调整平等主体之间人身关系和财产关系的法律，自由平等是其精髓。民法与市场经济天生具有联系，市场经济

---

[1] 原《中华人民共和国民法通则》第 4 条规定：“民事活动应当遵循自愿、公平、等价有偿、诚实信用的原则。”由此可见，等价有偿是其一项基本原则，但是《民法典》不再将等价有偿作为一项基本原则设立，这是非常必要的，因为等价不具有客观性，商品的价值随着市场行情时时变动，有偿与否也是由当事人自由决定的。是否有偿、是否等价有偿是当事人意思自由范围内的事，在不涉及他人利益、不违背诚实信用原则的情况下由当事人自己决定。此处的“交易的有偿性”不是绝对的，而是指一般现象。

是离不开民事法律的。民法在市场经济中的地位非常重要，任何法律都不能取代，其主要原因在于民法与市场经济的相容性和共生性。市场经济的发展必然促进民事法律制度的发展完善；民事法律制度的完善又反作用于市场经济，为其保驾护航，促进其健康发展。这是由经济基础决定上层建筑、上层建筑反作用于经济基础这一基本规律决定的。

任何一个国家的民事法律的发达程度都表明了该国市场经济的发达程度。纵观世界各国，无论是英美法系的英国和美国，还是大陆法系的法国、德国和意大利等，其民事法律无一不是非常发达的。而这些国家市场经济也比较发达。自由平等是民法的生命。民法作为调整平等主体的自然人、法人和非法人组织之间的人身关系和财产关系的法律规范，其性质本属于私法。民法中的众多规范，大部分属于任意性的规定，也就是权利性的规范。民事主体在法律许可的限度内可以任意处理。民法是为社会主体服务的法律，而不是管理社会主体的法律。当然，民法中也有一些强制性的规范，但数量较少，不至于改变民法的私法性质。

民法是以个人权利为本位的法律，因此又称为权利法。权利概念成为民法的核心概念，民法同时也体现为权利的庞大体系。假如从民法中把权利概念抽掉，整个体系将顷刻坍塌。〔1〕这里的个人，既包括作为自然人的个人，也包括作为社会个体的组织。个体权利本位的思想是民法的主导思想。民法最基本的职能在于对民事权利的确认和保护。在民事法律中，权利总是主要方面，义务是消极被动地适应权利的需要而

〔1〕张俊浩主编：《民法学原理》（修订第三版，上册），中国政法大学出版社 2000 年版，第 41 页。

存在的。在没有权利的场合，义务自然不能存在。以权利为核心的观念也表现在民法的一些用语上。如民事权利能力，并不仅指权利能力，民事义务能力也当然包括在内。但是从它的概念上不是强调权利义务的一致性而是突出了权利，这说明民法是以个体权利为本位的。民法是以平等的商品经济关系为基础的，商品经济在法律上的表现就必然是以权利为本位的权利和义务的统一。离开了对权利的确认，商品经济或者市场经济就无法名副其实。我国民法所确认的自然人所享有的人身权以及各类民事主体可以享有的物权、债权和知识产权，都是最基本的权利。民法在内容上不仅要对所有的民事权利平等地给予保护，而且要通过民事权利的保障维护个体的尊严。民法的这种以个体权利为本位的思想，对于调动市场主体的积极性，保障其独立自主性，发挥了巨大作用。由于民法特别强调个体的权利与利益，在市场经济建设的过程中，有利于树立市场主体依法维护权利的意识，有利于制止政府行政权力的滥用从而建设法治社会，有利于繁荣市场、提高市场活力，从而促进社会财富的增长，为人民谋取更大的利益。

平等与自由是民法的基本原则。民法所强调的平等原则，是指民事法律关系的主体法律地位平等。实际上是指民事主体享有独立、平等的法律人格。平等原则是与市场经济的本质特征和内在要求联系在一起的，市场交易排斥国家权力的过度干预，只需要当事人双方平等地协商一致即可。平等也是自愿的前提。没有平等的法律地位，就必然出现弱肉强食的状况，哪里会出现公平和自愿呢？因此，平等原则实际上是市场经济的本质特征和内在要求在民法上的反映，该原则也是民法中基础性的、最根本的原则。在我国，民事主体进行民事法律行为的自由也称为自愿。这二者并无本质区别。自由就是要求不同的民事主体在民事活动中，自由地表达自己的意志，不受外来压力之妨碍。在市场经济活动中核心是合同自由。合同自由反映了市场经济的内在要求。每一次的商品交易都是合同关系的体现。而市场正是由无数个交易组成的。可以说，没有交易、没有合同关系就没有市场，就不会有市场经济。由于民法的调整对象有很大一部分是财产关系，包括静态的财产关系（物权关系）和动态的财产关系（交易关系或者合同关系），交易关系本质上需要坚持平等和自由原则。

诚实信用是民法中的基本道德要求。诚实信用是市场经济中市场主体进行经营活动的基本道德要求，这也是民事法律的要求。诚实，就是要求人们在民事活动中将涉及对方利益的事项坦诚相告，不编造虚假的信息，也不隐瞒真实的信息。信用，就是要求民事主体必须真诚地履行自己的承诺，不管是书面的还是口头的。诚实信用原则是道德的法律化，它对人们提出的要求高于法律关于权利义务的具体规定。现在各国都在民法中确立了该原则。如《法国民法典》第 1134 条规定，契约应以善意履行之。《德国民法典》第 242 条规定，债务人须依诚实与信用，并照顾交易惯例，履行其给付。我国《民法典》也规定民事活动应当遵循诚实信用原则。在民法中，诚实信用原则被作为帝王规则看待，体现出它的至高性。[1]该原则对当事人的民事活动起指导和约束作用，防止当事人权利滥用，确立了当事人以善意方式行使权利、履行义务的行为规则。在

〔1〕［日］森田三男：《债权法总论》，学阳书房 1978 年版，第 28 页。转引自王利明、崔建远：《合同法新论 · 总则》，中国政法大学出版社 1996 年版，第 115 页。

市场经济中，由于市场变换，风险易至。作为市场主体的经营者营利的目的往往受阻。他们很容易见利忘义，或者对于对方当事人过于苛刻，或者尽自己之能事，规避法律。因此，用民法之诚实信用原则要求他们，既有利于维护市场经济秩序的稳定，维护当事人的利益，又有利于建立诚信的经济。诚实信用原则正是反映了商品交换的客观经济规律的要求。〔1〕

（三）民法与市场经济的共性

基于上述分析我们可以看出，民法与市场经济具有以下共性：

第一，平等。平等既是民法的精髓，也是市场经济的精髓。当然民法中的平等之范围比市场经济中的平等范围更广阔一些，因为在市场经济中，人们的平等除了经济活动中的平等，还有很多非经济活动中的平等内容，如在民事权利的保护上是平等的，身份上的权利是平等的。这些与市场经济中经营者地位平等明显是不同的。

第二，自由。自由是以平等为基础的。只有不同主体之间均平等，不同的主体才会均享有自己的自由。如果没有平等性，则不可避免地出现强者将自己的意志凌驾于弱者意志之上的情况。对于弱者而言，只能顺从强者，其自由也不复存在。在市场经济中，只有经营者的自由行为，才会创造出更多的社会财富，而这也是民事主体行为自由的价值之一。

第三，财富。民法尊重并保护个人的财产。不管是外国的还是我国的民事法律，无不对个人的财产进行保护。民法对个人的财产进行保护，其目的并不仅在于让财产成为个人的控制

---

〔1〕 王家福主编：《中国民法学·民法债权》，法律出版社 1991 年版，第 389 页。

物，而是通过尊重和保护个人的财产，让个人有更大的积极性去创造更多的财富，利己、利国、利民。同样，创造财富也是市场经济的核心内容之一。

第四，权利。在市场经济中，实行自由竞争，国家干预得很少，实际上就是尊重了市场主体的权利。这和民法中民事权利的充分性和自由性高度吻合。

因此，没有完善的民事法律制度，就不可能建设真正的市场经济，随着市场经济的发展，其对完善的民事法律制度的要求愈加急迫。在中国特色社会主义市场经济发展近三十年的时际，在中国全面建成小康社会的 2020 年，在中华民族伟大复兴的重要时点，第十三届全国人大第三次会议于 2020 年 5 月 28 日通过《民法典》正当其时。

（四）民法维护交易安全就是维护市场经济秩序

社会主义市场经济秩序的形成离不开若干安全交易的支撑。每一项交易都是整个社会经济秩序中的一个连接点，社会经济活动也是由无数交易点连接构成的。交易安全，一是对社会金融秩序的影响。金融就是指资金的融通，是货币这种特殊的动产在不同的主体之间的流转。现代经济生活与金融的关系密不可分，金融秩序是社会经济秩序中非常重要的一环。安全的交易能够使当事人获得交易对手的金钱给付，促进资金的融通，降低金融风险。二是对社会商品生产和流通秩序的影响。商品从工厂生产最终走向消费端是必然的，是实现生产者目的的必然形式，是货币—商品—货币循环的结果，而其中每一个环节都是通过合同这种交易形式完成的。货币—商品—货币就是社会经济生产和商品流通的形式，是社会经济运行的方式。安全的交易能保证社会商品的生产和流通秩序的通畅。三是对社会经济道德的影响。社会的经济道德是指在社会经济活动中所应坚持的道德，最重要的是契约精神。交易安全能有效阻止违背诚实信用的违约行为，促进交易当事人契约精神的形成和信守。

民法通过维护契约的有效性、权利实现的可靠性和交易的道德性等实现对交易安全的保护，这当然就是维护市场经济秩序。

三、《民法典》中维护交易安全的制度

（一）《民法典》总则编中维护交易安全的制度

1. 诚实信用原则

《民法典》第 7 条规定："民事主体从事民事活动，应当遵循诚信原则，秉持诚实，恪守承诺。"此即为诚实信用原则。诚实信用原则对从事交易的当事人提出的基本要求就是秉持诚实，恪守承诺。在秉持诚实、恪守承诺的情况下，当事人必然要尽力促成契约目的的实现，违约行为必然减少或者消除，直到当事人的权利得以实现，而权利实现就是安全交易的结果。诚实信用能实现对交易安全的维护，根本原因在于它是从当事人内心深处给予一定的道德约束，道德约束虽然是软性约束，但是对于当事人而言，其履行约定的交易内容具有主动性和自愿性，更有利于维护交易的安全。

2. 民事法律行为制度

民事法律行为是民事主体通过意思表示设立、变更、终止民事法律关系的行为。民事法律行为制度对于交易安全的维护，首先得益于其生效要件的设计。任何交易只有生效才可能安全，才能实现当事人的目的，无效的、可撤销的或者效力待定的民事法律行为，其在保证当事人交易目的实现的安全性上

不堪一击。根据《民法典》第 143 条的规定，“具备下列条件的民事法律行为有效：（一）行为人具有相应的民事行为能力；（二）意思表示真实；（三）不违反法律、行政法规的强制性规定，不违背公序良俗。”要求民事主体具有相应的民事行为能力，从而有效防止效力待定民事法律行为或者因完全无民事行为能力导致无效民事法律行为的产生。无民事行为能力人所为之行为（包括限制民事行为能力人超越其行为能力范围之行为）在交易中处于相对弱势的地位，需对其进行特别的保护。但对与其交易的相对人之交易安全势必造成损害。为了强化交易安全的保护，近现代民法开始对这一制度的适用进行限制，主要措施包括：一是在确认无民事行为能力人行为无效的同时，确认限制民事行为能力人超越其行为能力范围之行为可撤销。二是明确无效民事法律行为的类型。根据《民法典》的规定，无民事行为能力人实施的民事法律行为无效；行为人与相对人以虚假的意思表示实施的民事法律行为无效；违反法律、行政法规的强制性规定的民事法律行为无效；违背公序良俗的民事法律行为无效；行为人与相对人恶意串通，损害他人合法权益的民事法律行为无效。三是针对可撤销民事法律行为和效力待定的民事法律行为，明确规定撤销权等相关权利的除斥期间，并规定交易双方的催告权与撤回权，以使交易之效力尽快确定。四是规定无民事行为能力人纯获利益的法律行为有效。其次是对意思表示要求真实，从而有效防止可撤销民事法律行为的产生。对于意思表示的解释，也以尽量从维护交易安全的角度进行。在当事人意思表示不明的情况下的解释规则，也以维护交易安全为根本出发点。在以意思自治为前提的近代民法下，交易亦本应尊重当事人的意思。民法上交易行为与意思表示不一致，如虚伪表示、错误、欺诈、胁迫而为之意思表示，原则上可免除表意人的拘束，致法律行为之效力无效或可撤销，但彻底实施这些原则、信赖该行为之相对人或第三人显然会遭受不利，故为交易安全起见，采取表示主义为主的立法，规定表意人的动机原则上不影响法律行为的效力，虚伪表示等意思表示瑕疵中表意人之撤销权不得对抗善意第三人。我国《民法典》规定，有相对人的意思表示的解释，应当按照所使用的词句，结合相关条款、行为的性质和目的、习惯以及诚信原则，确定意思表示的含义。无相对人的意思表示的解释，不能完全拘泥于所使用的词句，而应当结合相关条款、行为的性质和目的、习惯以及诚信原则，确定行为人的真实意思。最后是要求不违反法律和行政法规的强制性规定，从而避免无效民事法律行为的产生。

3. 表见代理制度

根据法律的规定，当事人可以通过代理人实施民事法律行为，由此所产生的法律后果由被代理人承担。但是在无权代理的情况下，代理人所实施的代理行为效力处于未定的状态，对本人和相对人而言均无安全性，因为本人有追认权和拒绝追认权，如果其拒绝追认，则交易对其不发生效力，相对人与其建立交易关系的目的不可实现，已成立的交易关系无安全性。同理，相对人享有催告权和撤销权，如果本人欲追认，但是相对人行使撤销权，本人追求安全交易的目的也不能实现。而表见代理制度确保善意的交易相对人期待的交易利益可以实现，故其为交易安全保护的重要手段。因此《民法典》第 172 条规定：“行为人没有代理权、超越代理权或者代理权终止后，仍然实施代理行为，相对人有理由相信行为人有代理权的，代理行为有效。”

(二)《民法典》合同编中维护交易安全的制度

作为民法基本原则之一的诚实信用原则也是合同制度中的重要原则之一，在维护交易安全方面也发挥着重要作用，《民法典》合同编第 509 条第 1 款、第 2 款规定：“当事人应当按照约定全面履行自己的义务。当事人应当遵循诚信原则，根据合同的性质、目的和交易习惯履行通知、协助、保密等义务。”合同的有效性和民事法律行为的有效性在维护交易安全方面具有相同的理论基础，其基本实现路径相同，在此不再赘述。《民法典》合同编中存在的具有较明显独特性的维护合同交易安全的制度主要是债的保全制度、抗辩权制度、合同解释制度和合同解除制度、保证合同制度等。

1. 债的保全制度

民事责任制度一直是保证债权实现的最重要的手段，然而民事责任制度尚不能独立完成维护债权实现安全的重任。民事责任的承担需有债务人偿债资力为基础。如果债务人以积极甚至以消极的方式处分自己的财产，就会减弱或丧失其偿债能力。根据债的一般理论，债具有相对性，债权是相对权，债权人只能向债务人请求履行债务，而不得干预债务人与第三人之间的法律关系，债权没有追及效力。但债务人的财产是债权人实现债权的一般保证，其故意行为使其财产减少则可能危及债权人的债权。因此，当债务人因其不当行为使财产减少而危及债权人的利益时，法律赋予债权人特定的权利，即对债务人不当行为进行惩罚，也是防止债权遭受损害的法律措施，进而达到确保债权实现的目的，此为债的保全制度。我国《民法典》第 535 条、第 538 条分别规定了债权人对其债权保全的两种制度，即代位权制度与撤销权制度。

第一，代位权。《民法典》第 535 条第 1 款、第 2 款规定："因债务人怠于行使其债权或者与该债权有关的从权利，影响债权人的到期债权实现的，债权人可以向人民法院请求以自己的名义代位行使债务人对相对人的权利，但是该权利专属于债务人自身的除外。代位权的行使范围以债权人的到期债权为限。债权人行使代位权的必要费用，由债务人负担。"根据该规定，代位权的成立需具备以下要件：一是债务人需对第三人享有权利。该权利仅指对第三人的到期债权，并不包括其他实体权利及诉权。另外，该债权不包括专属于债务人自身的债权。二是债务人怠于行使到期债权。它是指债务人应行使且能行使而不行使其权利。三是对债权人造成损害，债权人有保全债权的必要。四是债务人已陷于履行迟延。依债权相对性原则，债权人不能向债务人的债务人行使请求权，不能限制债务人的处分权。如果债务人以积极或消极的方式随意处分自己的权利而损害债权人的利益，则损害了债权人与债务人之间的交易安全。因此债权人的代位权制度在一定程度上能起到维护交易安全的作用。

代位权能起到维护交易安全的作用，主要是因为在债权人行使代位权后，相关的财产权益之法律效果仍然直接归于债务人。在债务人怠于受领时，债权人可代位行使该受领的权利，而在债权人受领后，债务人仍然可以请求债权人向其交付受领的财产。其最终的结果是使债务人作为债权人债权一般担保的财产恢复，从而使得债权人在债权实现方面具有一定的安全性。

第二，撤销权。《民法典》第 538 条规定："债务人以放弃其债权、放弃债权担保、无偿转让财产等方式无偿处分财产权益，或者恶意延长其到期债权的履行期限，影响债权人的债权实现的，债权人可以请求人民法院撤销债务人的行为。”第539条规定：“债务人以明显不合理的低价转让财产、以明显不合理的高价受让他人财产或者为他人的债务提供担保，影响债权人的债权实现，债务人的相对人知道或者应当知道该情形的，债权人可以请求人民法院撤销债务人的行为。”撤销权，是指当债务人放弃对第三人的债权、无偿或者以明显不合理的低价转让财产而危及债权人的债权时，债权人可以请求人民法院撤销债务人所实施的危害债权的行为的权利。撤销权具有以下特征：首先，撤销权是一项实体性权利。撤销权虽然必须通过诉讼来行使，但撤销权的成立要件、行使效果以及行使期限等都是由民事实体法予以规定的。其次，撤销权附属于债权。撤销权是专属于债权人的一项权利，因此有效债权的存在是撤销权得以行使的前提条件。最后，撤销权是以撤销债务人与第三人之间存在危及债权的行为为内容的权利。撤销权行使的后果是使债务人与第三人之间相关行为归于无效或发生变更，债务人在该财产上的地位得以恢复，所以撤销权具有形成权的性质。根据合同法的规定，撤销权的成立必须具备以下条件：一是须有债务人放弃到期债权、无偿转让财产或以明显不合理低价转让财产的行为。二是债务人的行为须以财产为标的。如果债务人的行为不以财产为标的，则与债务人的责任财产无关，故债权人不得诉请撤销；同时行使撤销权的目的在于恢复债务人的责任财产，而不在于其财产的增值，故债务人拒绝受领利益或拒绝对其有利的合作机会，债权人不得诉请撤销。三是债务人的行为须危及债权人的债权。所谓危及债权，指因债务人的行为致使债权不能得到清偿。债务人积极减少财产或消极增加债务，会使其陷于不能清偿所有债务或者发生清偿困难，如果这种状态持续到撤销权行使时仍然存在，即可以认定为危及债权。四是债务人与第三人行为时具有恶意，即明知其行为具有危害债权人债权的后果仍然为之的主观认知。

撤销权具有维护交易安全的作用，主要因为其具有以下效力：一是行使撤销权的债权人有权请求第三人向债务人返还其所得利益，将收取的利益恢复为债务人的责任财产，作为债权的一般担保。二是债务人的行为在被撤销前效力待定，行为被撤销后则自始不发生法律效力，其所为一切危及债权的行为均不具有法律约束力。三是债务人的行为被撤销后，其与第三人的危害债权的行为归于无效，第三人已受领债务人财产的，应负返还的义务，原物不能返还的应折价赔偿。总而言之，撤销权是通过在一定程度上维护债务人作为其一般债务担保的财产基础，从而实现债务人与债权人之间的交易安全的。

2. 抗辩权制度

抗辩权也称为异议权，是指对抗对方的请求或者否认对方的权利主张的权利。抗辩权的功能就是对抗或延缓请求权的行使，或使请求权归于消灭。[1]抗辩权的行使必须要以请求权的行使为前提，只有在一方提出请求后，另一方当事人才可以根据具体情况决定是否行使抗辩权，因为抗辩权行使的主要目的就是对抗对方所提出的请求权。其对对方所提出的请求权所产生的抗辩效力主要包括两种：一是延缓对方的请求，如债务履行期限未届至的抗辩；二是排除或者否认对方请求权的抗

---

〔1〕 王泽鉴：《民法总则》，北京大学出版社2009年版，第104页。

辩，如民事法律行为无效的抗辩、债权债务抵消的抗辩等。抗辩权制度并不均具有维护交易安全的作用，有的还具有破坏交易安全的作用，如提出民事法律行为无效的抗辩，从根本上否定了民事法律行为的存在，交易没有效力，从根本上看就不可能存在任何安全性。从《民法典》中的规定来看，具有维护交易安全作用的抗辩权主要是同时履行抗辩权和不安抗辩权。

第一，同时履行抗辩权。我国《民法典》第 525 条规定："当事人互负债务，没有先后履行顺序的，应当同时履行。一方在对方履行之前有权拒绝其履行请求。一方在对方履行债务不符合约定时，有权拒绝其相应的履行请求。"此即为同时履行抗辩权的法律规定。根据该规定，同时履行抗辩权是指合同当事人互负债务而未约定履行先后顺序时，一方在对方未履行以前可拒绝其履行请求、在对方履行债务不符合约定时拒绝其相应的履行请求的权利。同时履行抗辩权是一时性的抗辩权，权利人并没有消灭对方请求权的能力，一旦产生抗辩权的事由消灭，债务人应履行债务。根据法律的规定，同时履行抗辩权的行使应当具备以下条件：一是当事人之间的合同为双务合同，所负的给付义务具有牵连性，即互负债务。牵连性通常是指一方的权利与另一方的义务之间具有相互依存、互为因果关系。二是当事人没有约定履行的先后顺序。如果当事人之间存在先后履行顺序，就应当按顺序履行，违反约定者构成违约。而同时履行抗辩权虽然具有维护自己权利安全的作用，但是也有阻却自己违约的功能。三是对方未履行债务或者履行债务不符合约定。未履行是指根本没有履行约定义务，履行债务不符合约定指瑕疵履行，包括全部瑕疵和部分瑕疵。一方所为的给付不符合约定即存在瑕疵时，与此相对应的对方的对待给付将因其前提给付有瑕疵而可以拒绝履行。四是对方的对待给付是可能的。如果对方根本不存在履行交易的可能，自己就没有必要行使具有一时抗辩效果的同时履行抗辩权，而是采取其他更有效的方式维护自己的权利而不是交易的安全。

同时履行抗辩权建立在诚实信用原则的基础之上，具有担保自己债权的实现和迫使对方履行的双重功能，在维护合同当事人的利益平衡、彰显公平正义方面具有重要意义。同时履行抗辩权是在双方当事人陷入信用危机时所提供的解决方式之一。其只是以一种更为经济的方式对双务合同的当事人进行保护，其相较于其他债权保障措施更为简便易用。同时履行并非原因，而是降低双方风险的结果。同时履行抗辩权制度开辟了无须另辟蹊径而直接注入合同履行的全过程中对履行进行担保的路径，使得一方当事人可以通过自己的履行或提出履行来促进另一方当事人的履行，从而在双方当事人的履行之间建立起并行发展的正比例关系。同时履行抗辩权应当被认为是信用体系生态中的一个必要补充，其制度价值的发挥可以消除双方当事人履约过程中的信用危机，从而推动交易的进程。〔1〕

第二，不安抗辩权。《民法典》第 527 条规定：“应当先履行债务的当事人，有确切证据证明对方有下列情形之一的，可以中止履行：（一）经营状况严重恶化；（二）转移财产、抽逃资金，以逃避债务；（三）丧失商业信誉；（四）有丧失或者可能丧失履行债务能力的其他情形。当事人没有确切证据中止履行的，应当承担违约责任。”此即为合同法律规定中的不安抗辩权制度。根据该规定，不安抗辩权是指双务合同生效

〔1〕 杨栋：“对同时履行抗辩权的解读”，载《太原城市职业技术学院学报》2019 年第 11 期。

后，根据合同约定应当先履行义务的一方当事人在有确切证据证明后履行义务一方当事人出现法定情形导致其不能履行合同义务或者履行合同义务存在重大风险时中止自己所负先履行合同义务的权利。合同的一方当事人行使不安抗辩权必须具备以下条件：一是双务合同中一方负有先履行合同的义务。不安抗辩权仅适用于有先后履行顺序的双务合同，是为先履行义务的一方当事人设立的一项权利。只有负有先履行义务的当事人才能行使不安抗辩权。如果无先后履行顺序，当事人则可适用同时履行抗辩权。二是后履行一方出现难以履行合同义务的法定情形。设立不安抗辩权的目的是确保对待给付的公平交易，从而维护先履行义务的一方当事人权利的安全性，故其成立必须有对方存在难以预期履行的状况。如我国《民法典》第 527 条就列举了四种难以履行的状况。

在双务合同中先履行义务一方当事人行使不安抗辩权是防止其履行义务后对方不能对待给付，从而使自己权利遭受风险。故不安抗辩权维护的是权利实现的安全，这与保证民事法律行为的有效性以维护请求权基础的安全不同。不安抗辩权实现先履行合同方权利实现的安全，具体方式有三种：一是要求对方提供相应担保。在不安抗辩权人行使不安抗辩权时，可以要求后履行一方提供相应的担保，在对方提供担保后可以继续履行义务。二是中止履行义务，防范损失的发生。在对方不能提供担保时，可先中止履行义务。三是解除合同。当事人中止履行后，对方在合理期限内未恢复履行能力并且未提供适当担保的，中止履行的一方可以解除合同。

3. 合同解释制度

同样的文字在不同的环境下具有完全不同的含义，同样的文字在同样的环境下对于不同的人也可能产生不同的理解。因此，当事人在作出意思表示时，因协商不清、虚伪或者隐瞒等不同原因造成意思表示内涵不清的情况不可避免。为此在法律中确立了相对稳定的意思表示的解释规则，有相对人的意思表示的解释，应当按照所使用的词句，结合相关条款、行为的性质和目的、习惯以及诚信原则，确定意思表示的含义。对于无相对人的意思表示的解释规则，不能完全拘泥于所使用的词句，而应当结合相关条款、行为的性质和目的、习惯以及诚信原则，确定行为人的真实意思。合同属于最具有典型性的民事法律行为之一，意思表示是其不可或缺的要素之一，不管是口头形式还是书面形式的意思表示，均存在当事人理解不一致或者意思表示不明等情形，对其解释亦不可避免。合同的解释是指在合同特定条款或者文字上出现意思不明或者歧义时对该特定条款或者文字内在精确含义所作的解释。解释的目的在于使一些不明确或不具体的合同内容得以明确或具体，使当事人的纠纷得以解决。如果没有具体的合同解释规则，在当事人出现争议时司法者在解释合同时主观随意性较大，甚至按照合同无效来处理这些问题，必然使得许多交易的安全性受到影响，不符合合同法律规定鼓励交易的目标和精神。因此《民法典》第 498 条规定："对格式条款的理解发生争议的，应当按照通常理解予以解释。对格式条款有两种以上解释的，应当作出不利于提供格式条款一方的解释。格式条款和非格式条款不一致的，应当采用非格式条款。"第 466 条规定，当事人对合同条款的理解有争议的，应当按照合同所使用的词句，结合相关条款、行为的性质和目的、习惯以及诚信原则，确定该条款的含义。合同文本采用两种以上文字订立并约定具有同等效力的，对各文本使用的词句推定具有相同含义。各文本使用的词句不一致的，应当根据合同的相关条款、性质、目的以及诚信原则等予以解释。根据这些规定，确立了文义解释、目的解释、习惯解释、诚信解释、整体解释、不利于提供格式条款一方等解释原则，有助于将不明确的合同内容明确，便于当事人信守契约，履行义务实现权利，充分体现了鼓励交易和维护交易安全的精神。

4. 合同解除制度

合同解除指的是合同有效成立以后，一方当事人出现违反合同约定或者有其他重大违约情形时，另一方当事人可以行使解除权，使合同归于消灭的法律行为。合同的有效性和实际履行是交易安全的基本要求。对于有效的合同如果在当事人未实际履行或者未全部实际履行的情况下，仍由当事人随意解除，其安全性不复存在。故为了维护交易的安全、防范市场风险、保障交易秩序，《民法典》中必须对于合同解除进行限制，防止解除合同现象的大量出现。但是作为合同法基本原则的合同自由，本身就包含了当事人缔约的自由和解除合同的自由。交易不安全也应当是当事人自由选择的结果，只有在违背当事人双方意愿情形下的破坏交易安全的行为才应当为法律所限制，而不能僵化坚持交易安全性而损害了当事人基于协商一致解除合同的自由，否则从根本上违反合同法的价值观。故对于当事人协商一致解除合同的行为，合同法是坚持完全中立的做法，不鼓励也不限制；对于非基于意思表示一致解除合同的行为进行严格的限制以维护交易的安全性，保护当事人一方的交易利益。

基于上述考虑，《民法典》第 562 条规定："当事人协商一致，可以解除合同。当事人可以约定一方解除合同的事由。解除合同的事由发生时，解除权人可以解除合同。”该规定充分体现了合同自由与交易安全的有效协调，体现了合同自由原则高于交易安全原则的价值观。为防止非基于当事人意思表示一致产生的合同解除行为损害交易安全，我国合同法主要对法定解除进行严格限制，以维护交易安全。

合同法定解除权是指在合同已经生效的情况下，由于发生了法定事由，一方当事人依法单方解除合同使合同权利义务终止的权利。根据《民法典》第 563 条第 1 款的规定，“有下列情形之一的，当事人可以解除合同：（一）因不可抗力致使不能实现合同目的；（二）在履行期限届满前，当事人一方明确表示或者以自己的行为表明不履行主要债务；（三）当事人一方迟延履行主要债务，经催告后在合理期限内仍未履行；（四）当事人一方迟延履行债务或者有其他违约行为致使不能实现合同目的；（五）法律规定的其他情形。”

法律规定或者当事人约定解除权行使期限，期限届满当事人不行使的，该权利消灭。法律没有规定或者当事人没有约定解除权行使期限，经对方催告后在合理期限内不行使的，该权利消灭。当事人一方依法主张解除合同的，应当通知对方。合同自通知到达对方时解除。对方有异议的，可以请求人民法院或者仲裁机构确认解除合同的效力。法律、行政法规规定解除合同应当办理批准、登记等手续的，依照其规定。合同解除后，尚未履行的，终止履行；已经履行的，根据履行情况和合同性质，当事人可以要求恢复原状、采取其他补救措施，并有权要求赔偿损失。

实践证明，依法赋予合同当事人法定解除权，特别是在出现“在履行期届满之前，当事人一方明确表示或者以自己的行为表明不履行主要债务之预期违约行为”和“当事人一方迟延履行债务或者有其他违约行为致使不能实现合同目的的根本违约行为”时由当事人一方行使法定解除权而不必等到自己的权利遭受到实际损害后再采取合理措施维护，对于维护其权利安全具有重要作用。

5. 保证合同制度

《民法典》第 681 条规定：“保证合同是为保障债权的实现，保证人和债权人约定，当债务人不履行到期债务或者发生当事人约定的情形时，保证人履行债务或者承担责任的合同。”保证是保证人和债权人约定，当债务人不履行合同债务时，保证人按照约定履行债务或者承担责任的行为。保证是由债权人与债务人以外的第三人通过替代承担责任的方式，来保障债权人的债权实现安全。保证具有以下法律特征：其一，保证属于人的担保方式。保证不以保证人的特定财产担保被保证的债务的履行，而是以保证人的信用和一般财产作为债务人履行债务的担保，其一般财产是指保证人可处分的全部财产。其二，保证人为债务人以外的第三人。保证人是以自己的财产为债权人提供一般担保，而债务人也是以自己的财产权作为债权人债权的一般担保。因而债务人不能再成为担保法意义上的保证人，保证人必须是债务人以外的第三人。只有这样，才能扩大债权的一般担保财产，防止债权人受到损害。其三，保证具有补充性。保证是为增强债务人的偿债能力而设置的一般担保，具有补充债务的性质。“当债务人不履行债务时，保证人按照约定履行债务或者承担责任”也证明了这一特点。但是如果当事人在保证合同中约定了保证人承担连带保证责任的除外。

为了保证担保对交易安全的保障作用，《民法典》对保证合同、保证人、保证担保的范围、保证期间等均作出了明确的规定。保证合同是债权人与第三人约定的，在债务人不履行债务时，由第三人履行债务或者承担责任的协议。被担保的债权债务关系的当事人称为债权人和债务人，提供担保的第三人称为保证人。关于保证合同的形式，《民法典》第 685 条规定：“保证合同可以是单独订立的书面合同，也可以是主债权债务合同中的保证条款。第三人单方以书面形式向债权人作出保证，债权人接收且未提出异议的，保证合同成立。”根据该规定，一般情况下，保证合同的书面形式有三种：一是单独订立的书面保证合同，即当事人在主债权合同之外，独立订立的书面保证合同。二是主合同中的保证条款，即当事人在主合同中设立一个条款，以明确保证人、保证期间、范围等。三是第三人单方以书面形式向债权人作出保证，债权人接收且未提出异议的，保证合同成立。

《民法典》第 684 条规定：“保证合同的内容一般包括被保证的主债权的种类、数额，债务人履行债务的期限，保证的方式、范围和期间等条款。”第 691 条规定：“保证的范围包括主债权及其利息、违约金、损害赔偿金和实现债权的费用。当事人另有约定的，按照其约定。”根据该规定，保证责任的范围有两种：一是法定保证责任范围。法定保证责任范围包括：①主债权。主债权是保证责任范围中最主要的内容，是义务人本应当履行的给付义务的内容。②利息。利息是主债权的孳息。无论是法定或者约定的利息，都在保证之列。③违约金。违约金以主合同当事人在合同中约定的为限。如果主合同中未约定，则视为没有。④损害赔偿金。损害赔偿金是指债务人违约后给债权人造成的实际损失，以客观上有损失为前提。⑤实现债权的费用。指债权人为实现债权而付出的费用，如诉讼费、仲裁费、执行费以及其他合理的费用。二是约定保证责任范围。当事人可以约定只将上述五项中的一项或者几项作为保证范围。保证范围有约定的约定优先。

由上述规定可以看出，保证担保扩大了责任人的范围、扩大了责任财产的范围，从而在维护债权人的权利安全方面发挥了巨大作用。

6. 定金制度

根据《民法典》第586条的规定，“当事人可以约定一方向对方给付定金作为债权的担保。定金合同自实际交付定金时成立。定金的数额由当事人约定；但是，不得超过主合同标的额的百分之二十，超过部分不产生定金的效力。实际交付的定金数额多于或者少于约定数额的，视为变更约定的定金数额。”

定金，是合同当事人为了确保合同的履行，依据法律的规定或者根据当事人的约定，由当事人一方在合同履行之前给付对方的一定数量的金钱。定金具有两种作用：一是具有担保和证明作用。定金的本质作用首先在于担保，其次能证明当事人之间法律关系的成立。二是具有违约救济作用。交付定金后，如果交付定金的一方当事人违约，则其所交付的定金视为违约赔偿金，转化成受害方的救济；如果接受定金的一方当事人违约，应当双倍返还定金于对方，增加的部分就成为给对方的救济。当然，如果定金不足以弥补对方当事人的损害的，受害方还可以要求对方对不足的部分进行赔偿。

定金具有如下法律特征：其一，定金具有担保性，且标的物为金钱。其二，定金担保必须明确。所谓的明确，是指当事人必须非常明确地表明所交付金钱是用作定金的，并且表明定金的性质。当事人交付留置金、担保金、保证金、订约金、押金或者定金等，但没有约定定金性质的，当事人主张定金权利的，人民法院不予支持。其三，定金是预先支付的，只有实现真正的交付后定金合同才会生效。其四，定金作为价款的一部分，也可能具有一定的惩罚性。根据法律规定，债务人履行债务后，定金应当抵作价款或者收回，此时定金就不具有惩罚性。给付定金的一方不履行约定债务的，无权要求返还定金；收受定金的一方不履行合同债务的，应当双倍返还定金。此时定金就具有惩罚性。其五，定金具有从属性。定金合同属于从合同，以主合同有效力为前提，主合同无效，定金合同也无效。

交付定金的一方在违约后无权要求返还定金，其将遭受财产的损失；由于收受定金的一方在违约后应当双倍返还定金，也将遭受一定的财产损失。从当事人的理性出发，在交易过程中必然是趋利避害的，因此就会尽力促进交易的完成，极力避免经济利益的损失，此即为交易安全的维护。当然，虽然定金具有维护交易安全的作用，但并不是说有了定金担保，当事人之间的交易一定是安全的。如果当事人之间的定金数额太小而当事人在违约后可能获得的利益大于定金数额，基于当事人进行交易趋利之理性，交易安全受到损害的概率还是很大的，此时诚实信用、违约责任等制度要求对当事人履行交易约定的内容维护交易安全就有非常重要的作用。

（三）《民法典》物权编中维护交易安全的制度

综合来看，在《民法典》物权编中起到对交易安全维护作用的制度主要是物权变动的公示公信制度、善意取得制度和担保物权制度，而其中物权担保具有不可替代的作用。

担保是指为了保证债权人债权的实现，依据法律规定或者依当事人的约定，以债务人或者第三人的特定财产或者信用来督促债务人履行债务的法律制度。担保只是对于因合同关系所生债权而进行的担保。根据法律的规定，只有因合同产生的债权才能通过设定担保的方式进行保障。我国原《担保法》规定，在借贷、买卖、货物运输等经济活动中，债权人需要以担保方式保障其债权的，可以依法设定担保。担保有法定担保和约定担保两种。依法律规定产生的担保方式被称为法定担保，即留置担保；依当事人约定产生的担保方式有保证、抵押、质押和定金担保四种。上述物权担保方式在《民法典》物权编中均有规定。担保具有预防性和救济性两方面的作用。其预防性是为了防止债务人不履行债务时给债权人的债权造成损害，对债务人履行债务有督促作用。一旦债务人履行了其债务，债权人与债务人或者第三人之间所设立的担保方式自动失效。当债务人不履行债务时，债权人可依所设立的担保手段去维护自己的债权。此时担保相对于债权而言只是起到救济的作用。在市场经济中，承担民事责任的最主要基础就是财产，但是由于债权不具有排他性，在某一个特定当事人的财产上可以同时存在数项债权，同一个债务人也可以同时对多个债权人承担债务，这就可能导致某些债权人的利益得不到保障。因此，通过设立担保物权，尽可能扩大了债务人承担责任的财产基础，或者将其某一项特定财产从众多责任财产中独立出来作为自己债权的担保，从而有利于维护债权人的利益，维护债权人权利实现的安全性。因此担保法律关系对债权人、债务人甚至是第三人均有直接的影响，直接关系到商品的流通秩序和交易安全。

1. 物权变动的公示公信制度

物权公示，是指依法采用特定的形式将物权的产生、变更、转让和消灭之事实向公众公开。物权公示的本质就是将物权的权属状况进行公开，包括享有物权的主体、物权的内容或者物权不复存在的事实。物权的公示就是给本为观念性的物权穿上一件具有客观表现形式的外衣，给外界提供一种可供识别的方法，使第三人能够通过对这件“外衣”的观察而知晓或者判定物权变动的事实以及物权的权属状况。〔1〕民法中的权利本为私权，是为权利人自己的利益存在，本无须向社会公众公示。但是为什么物权需要进行公示而债权不需要进行公示呢？因为债权是相对权，仅存在于债权人和债务人之间，与他人没有关系，债权人和债务人以外的人对债权人的债权也不存在义务，对债务人履行义务也不存在协助的义务。既然与第三人无任何关系，当然就没有让当事人以外的人知晓的必要。故其在法律上不存在公示制度，而物权就不一样了。物权虽然也是私权，是为了权利人自身利益需要存在的权利，但是物权是绝对权，权利人是明确的，对其物权负有义务的不是某一个人、几个人或者特定范围内的人，义务人是不确定的，除权利人以外的人都是义务人，都负有义务，该义务的主要内容是消极不作为。如果放任物权人的权利处于秘密状态，义务人就极可能因为不知情而违反义务、侵害物权人的权利。因此，物权的公示对于维护第三人的利益至关重要。对于物权人而言，其物权公示后就会产生对抗效力，无公示即无对抗。因为公示后

〔1〕 尹田：《物权法》，北京大学出版社 2013 年版，第 102 页。

所有的人都应当知晓其物权的存在，都应当履行消极不作为的义务，再以不知为由而为自己损害他人物权的行为抗辩当然不能成立。

现在各国关于物权公示的方法，因物权之客体是动产或者不动产而有所区别。对于动产一般要求交付，对于不动产物权的公示一般是登记。我国《民法典》第 208 条规定："不动产物权的设立、变更、转让和消灭，应当依照法律规定登记。动产物权的设立和转让，应当依照法律规定交付。"同时，《民法典》第 209 条明确规定了不动产物权公示的法律效果，即"不动产物权的设立、变更、转让和消灭，经依法登记，发生效力；未经登记，不发生效力，但是法律另有规定的除外。依法属于国家所有的自然资源，所有权可以不登记。"对于动产物权公示的法律效果，《民法典》第 224 条规定："动产物权的设立和转让，自交付时发生效力，但是法律另有规定的除外。"

物权的公示只是手段而不是目的，其目的在于通过公示产生公信力，从而促进交易并保护交易安全。物权的公信制度也称为公信力制度，是指采用法定方式进行了公示的物权能够为社会公众所信赖，基于这种信赖而进行交易的善意第三人的利益受到法律保护。换言之，依法定的公示方法所公示出来的物权，尽管不存在或者内容上存在错误，但是对于善意第三人而言法律仍承认其交易能够产生与公示出来的物权完全相同的法律效果。

现在人们对经济效率的要求越来越高，但是物权变动的基础法律行为对于物权变动的法律效果有决定性影响，即当作为物权变动的基础法律行为——合同是无效、效力待定或者是可撤销时，基于该基础债权合同所产生的物权变动的安全性就不存在。在涉及物权变动的情况下，《民法典》第 215 条规定："当事人之间订立有关设立、变更、转让和消灭不动产物权的合同，除法律另有规定或者当事人另有约定外，自合同成立时生效；未办理物权登记的，不影响合同效力。"该规定解决了物权变动与否的效果不会影响基础债权合同效力的问题，但是如果基础债权合同无效、效力待定或者可撤销，以其为基础发生的物权变动是否受影响呢？对此，《民法典》第 157 条规定："民事法律行为无效、被撤销或者确定不发生效力后，行为人因该行为取得的财产，应当予以返还；不能返还或者没有必要返还的，应当折价补偿。有过错的一方应当赔偿对方由此所受到的损失；各方都有过错的，应当各自承担相应的责任。法律另有规定的，依照其规定。"由此可见，我国的物权变动与基础债权合同之间采取的是有因的原则，即基础债权合同是原因，基于该基础债权合同进行的物权变动是结果，如果基础债权合同无效或者被撤销，则物权变动的效力不能发生。

在涉及以物权变动为目的的债权合同时，如果善意第三人对于公示出来的物权之信赖不受保护，为防止公示出来的权利人之权利存在瑕疵而与之所订立的合同效力待定，在与其订立合同时必然需要透过公示出来的权利"外衣"，费时费力去探究权利人的客观真实性，探究财产的真实权利人，此时交易的效率将受到极大影响。对于善意第三人而言，交易的安全性没有任何保障，登记的必要性也将丧失。

因此，维护交易安全，提升交易的效率，提高财产的自由流转，实现物尽其用并促进社会财富的增长才是物权公示与公信的价值所在。

2. 善意取得制度

善意取得，又称为即时取得，是指动产或者不动产的占有人在无权处分该动产或者不动产上的物权时，受让人基于善意取得该动产或者不动产上的物权的一种法律制度。我国《民法典》第311条规定："无处分权人将不动产或者动产转让给受让人的，所有权人有权追回；除法律另有规定外，符合下列情形的，受让人取得该不动产或者动产的所有权：（一）受让人受让该不动产或者动产时是善意；（二）以合理的价格转让；（三）转让的不动产或者动产依照法律规定应当登记的已经登记，不需要登记的已经交付给受让人。受让人依据前款规定取得不动产或者动产的所有权的，原所有权人有权向无处分权人请求损害赔偿。当事人善意取得其他物权的，参照适用前两款规定。"该规定即我国法律中的善意取得制度的主要内容。

善意取得必须符合以下四个要件：一是处分人须为无权处分，这是善意取得制度适用的前提条件。虽然在《民法典》第311条中没有明确规定善意取得制度的构成要件有"处分人为无处分权"，但是从法律逻辑上看，"处分人为无处分权"是一个省略了的前提，或者说是不言自明的前提。因为从该条的表述看，"无处分权人将不动产或者动产转让给受让人的，所有权人有权追回；除法律另有规定外，符合下列情形的，受让人取得该不动产或者动产的所有权"中的逻辑结构就是：无处分权人的处分行为，所有权人有权追回；但是无处分权人的某些处分行为，所有权人无权追回，受让人取得该动产或者不动产的所有权。显然，"处分人为无处分权"是善意取得制度适用的第一个构成要件。二是受让人在受让财产时，主观上须为善意。受让人主观上须为善意，相对于客观行为而言，主观态度的认定难度较高，通常要求其“不知道和不应当知道”。“不知道和不应当知道”的本质就是要求第三人是无过错的。也就是说，第三人不知道处分人为无处分权，而且他尽了必要的注意义务也无从知道处分人为无处分权。反之，如果第三人不知道处分人为无处分权，如果他尽到必要的注意义务就可以发现处分人为无处分权的，即“应当知道”，就属于有过错的不知，此时不能作为善意看待。三是以合理的价格转让。以合理的价格转让说明善意取得制度适用必须是双务有偿的法律行为，该双务有偿的法律行为必须是公平合理的。合理的价格所要求的就是双方之间的交易是公平合理的。该公平合理与一般民事行为的公平合理之内涵不同。一般民事行为的公平合理是指当事人认可的公平合理，而善意取得制度中的公平合理之判断标准应当是一般社会大众认可的公平合理。四是物权变动已经完成且进行了公示。物权变动完成且进行了公示即为物权法中规定的“转让的不动产或者动产依照法律规定应当登记的已经登记，不需要登记的已经交付给受让人”。

善意取得制度的法律效果最主要的就是“受让人取得该动产或不动产的所有权”，同时“该动产上原有的权利消灭，但善意受让人在受让时知道或者应当知道该权利的除外”，即实现了交易安全的保障：无处分权人处分他人财产的合同不能再作为效力待定的合同看待，原权利人基于物权所享有的物权追及效力消灭，善意受让人与无处分权人之间的交易安全得到维护。

3. 担保物权制度

《民法典》物权编之担保物权部分规定的担保物权类型有

抵押权、质权和留置权三种。根据法律的规定，当事人设立担保物权，应当依照法律的规定订立担保合同。担保合同包括抵押合同、质押合同和其他具有担保功能的合同。担保合同是主债权债务合同的从合同。主债权债务合同无效的，担保合同无效，但是法律另有规定的除外。由于留置担保是基于当事人一方的意思表示即能成立而非双方意思一致的结果，其不需要也不可能订立担保合同。

第一，抵押。抵押是指为担保债务的履行，债务人或者第三人不转移财产的占有，将该财产抵押给债权人，债务人不履行到期债务或者发生当事人约定的实现抵押权的情形，债权人有权就该财产优先受偿的法律制度。在抵押法律关系中，提供抵押财产的人（债务人或者第三人）为抵押人，债权人为抵押权人，提供担保的财产为抵押财产。抵押担保具有以下法律特征：其一，抵押人和抵押权人应当以书面方式签订抵押合同。根据《民法典》第 400 条第 1 款的规定，“设立抵押权，当事人应当采用书面形式订立抵押合同。”抵押合同涉及三方当事人，即债权人、债务人和抵押人。其二，抵押担保的标的具有特定性。当事人设立抵押担保的目的，在于当债务人不履行债务时，债权人可以通过拍卖、变卖抵押物来补偿自己的损失，因此抵押物必须是明确的、具体的。但是《民法典》第 396 条中规定的浮动抵押制度是抵押标的特定性的例外。该条规定指出：“企业、个体工商户、农业生产经营者可以将现有的以及将有的生产设备、原材料、半成品、产品抵押，债务人不履行到期债务或者发生当事人约定的实现抵押权的情形，债权人有权就抵押财产确定时的动产优先受偿。”其三，抵押物不转移占有。抵押是以标的物的价值担保债务的履行，在抵押期间，抵押权人并不取得对抵押物的占有，而只是对其价值享有优先受偿权。抵押人不丧失对抵押物的占有，仍然可以充分发挥抵押物的使用价值。由于抵押的特性，其成为最受欢迎的担保方式。其四，抵押权人的优先受偿性。所谓优先受偿，是指在债务人有多个债权人的情况下，抵押权人可以从变卖、拍卖抵押物的价值中优先实现自己的债权，而不是与其他债权人平等地受偿债权。在某一个抵押物上有数个抵押权时，最先登记成立的抵押权也优先受偿。根据《民法典》第 414 条第 1 款的规定，“同一财产向两个以上债权人抵押的，拍卖、变卖抵押财产所得的价款依照下列规定清偿：（一）抵押权已经登记的，按照登记的时间先后确定清偿顺序；（二）抵押权已经登记的先于未登记的受偿；（三）抵押权未登记的，按照债权比例清偿。”

抵押之所以对交易安全有保障作用，根本原因在于抵押的效力。抵押的效力，即为抵押的约束力，主要表现在：一是对于抵押物的效力。根据《民法典》第 412 条，债务履行期届满后，债务人不履行到期债务或者发生当事人约定的实现抵押权的情形，致使抵押财产被人民法院依法扣押的，自扣押之日起，抵押权人有权收取该抵押财产的天然孳息或者法定孳息，但是抵押权人未将扣押抵押物的事实通知应当清偿法定孳息的义务人的，抵押权的效力不及于该孳息。抵押物因附合、混合或者加工使抵押物的所有权为第三人所有的，抵押权的效力及于补偿金；抵押物所有人为附合物、混合物或者加工物的所有人的，抵押权的效力及于附合物、混合物或者加工物；第三人与抵押物的所有人为附合物、混合物或者加工物的共有人的，抵押权的效力及于抵押人对共有物的份额。二是对于抵押人的效力。抵押期间，抵押人未经抵押权人同意，不得转让抵押财产，但受让人代为清偿债务消灭抵押权的除外。抵押期间，抵押人经抵押权人同意转让抵押财产的，应当将转让所得的价款向抵押权人提前清偿债务或者提存。转让的价款超过债权数额的部分归抵押人所有，不足部分由债务人清偿。订立抵押合同前抵押财产已出租的，原租赁关系不受该抵押权的影响。抵押权设立后抵押财产出租的，该租赁关系不得对抗已登记的抵押权。抵押人转让抵押物的价款明显低于其价值的，抵押权人可以要求抵押人提供相应的担保，抵押人不提供担保的，不得转让抵押物。抵押人的行为足以使抵押物的价值减少时，抵押权人有权要求抵押人停止其行为。抵押物价值减少时，抵押权人有权要求抵押人恢复其价值，或者提供与减少的价值相当的担保。当抵押人拒绝时，抵押权人可以要求债务人履行债务，也可以提前行使抵押权。当债务人不履行债务时，抵押权人通过实现抵押权从而使自己的债权之安全性得到保障。

抵押权的实现，是指债务人履行债务期限届满未履行债务时，抵押权人以抵押物的交换价值实现自己债权的行为。抵押权的实现只能以法律规定的方式进行。根据《民法典》第 410 条的规定，“债务人不履行到期债务或者发生当事人约定的实现抵押权的情形，抵押权人可以与抵押人协议以抵押财产折价或者以拍卖、变卖该抵押财产所得的价款优先受偿。协议损害其他债权人利益的，其他债权人可以请求人民法院撤销该协议。抵押权人与抵押人未就抵押权实现方式达成协议的，抵押权人可以请求人民法院拍卖、变卖抵押财产。抵押财产折价或者变卖的，应当参照市场价格。”

第二，质押。质押可以分为动产质押和权利质押两种。动产质押是指债务人或者第三人将特定的动产交由债权人占有作为债权的担保，在债务人不履行债务时，债权人以该财产折价或者拍卖、变卖所得的价款优先受偿的一种担保方式。提供财产的债务人或者第三人为出质人，占有财产的人为质权人，用来担保债务的特定动产为质押财产。《民法典》第 425 条第 1 款规定："为担保债务的履行，债务人或者第三人将其动产出质给债权人占有的，债务人不履行到期债务或者发生当事人约定的实现质权的情形，债权人有权就该动产优先受偿。"此为动产质押。动产质押具有如下法律特征：其一，动产质押是转移财产占有的一种担保方式。质物必须交由质权人占有，这是动产质押担保的基本特征之一。质押财产是质权担保的核心。由于质押财产为动产，其转让相对于不动产方便许多。因此，出质人有可能在达到自己的目的后，将质押财产出卖、出租或者藏匿，从而损害质权人的利益。另外，作为动产，占有是其公示方法。如果不移转占有，债务人又可以用同一动产去为其他的债务担保，也减少了他作为债务人对债权人的一般担保财产，对债权极为不利。因此，用于质押的动产必须移转占有。只有这样，才能充分保护质权人的利益。其二，质押的动产可以是债务人的财产，也可以是第三人的财产。如果出质人无权处分他人的财产，在符合善意取得的情况下，债权人也可以善意取得质权。由于质押以移转占有为基本要件，不动产不适合移转占有，不能成为质押担保的标的。其三，当事人应当以书面方式订立质押合同。《民法典》第 427 条第 1 款规定："设立质权，当事人应当采用书面形式订立质押合同。"其四，质押是实践性担保。所谓实践性担保，是指质权的成立，并不是以质权人与出质人双方在质押合同上签字为准，即不是以合意的达成为准，而是以质物交与质权人占有的时间来决定。故《民法典》第 429 条规定："质权自出质人交付质押财产时设立。"其五，质押具有从属性。质押担保的成立、变更、消灭都是从属于主债权合同的，它自己不能独立存在。同样，质权也不能单独转让。

权利质押是指出质人通过移转其享有处分权的特定范围内的财产权利予以质权人为其债权担保的担保方式之一种。根据《民法典》第 440 条的规定，债务人或者第三人有权处分的汇票、本票、支票，债券、存款单，仓单、提单，可以转让的基金份额、股权等权利可以出质。权利质押具有如下法律特征：其一，权利质押的标的物为一定范围内的权利。权利质押须以可以转让的权利为标的，并不是任何权利均可。充任质权客体的权利必须是可以让与的财产权。人格权与身份权是非财产权，不得成为质权的标的。不可让与的财产权如身体伤害产生的赔偿请求权等不得为质权的标的。如以不可让与之财产权为标的，在债务人不履行债务时，债权人（质权人）的利益将无法获得保障。其二，权利质押的公示方式是交付或者登记。质权的生效必须采取公示方式。动产质押的公示方式是交付，而权利质押的公示方式是交付或者登记。根据《民法典》第 441 条的规定，"以汇票、本票、支票、债券、存款单、仓单、提单出质的，质权自权利凭证交付质权人时设立；没有权利凭证的，质权自办理出质登记时设立。法律另有规定的，依照其规定。"

质权人所享有的以下权利对于维护其债权实现的安全具有重要意义：其一，质权人有权收取质押财产的孳息。如果合同另有约定的，按照约定。质权人所收孳息应当先充抵收取孳息的费用。其二，因不能归责于质权人的事由可能使质押财产毁损或者价值明显减少，足以危害质权人权利的，质权人有权要求出质人提供相应的担保；出质人不提供的，质权人可以拍卖、变卖质押财产，并与出质人通过协议将拍卖、变卖所得的价款提前清偿债务或者提存。质权人行使该权利要具备两个条件：一是在债务清偿期未届满时，质权人占有的质物有损坏或者价值有明显减少的可能，足以危害质权人的利益，而且发生此种情况，并非由于质权人的保管所致，而是由质物本身的原因造成的。如出质人交付的化学物品将过期，如不处理，质物将失去价值。二是质权人要求出质人提供相应的担保，出质人拒绝提供。出现上述两个条件时，质权人无须征得出质人的同意，可将质物拍卖或者变卖。质权人拍卖或者变卖质物所得的价款所有权仍属于出质人，质权人可与出质人协商约定将所得价款用于提前清偿所担保的债权或者交于第三人提存，等债务履行期届至时，以该提存的价款清偿债务。另根据《民法典》第 442 条的规定，“汇票、本票、支票、债券、存款单、仓单、提单的兑现日期或者提货日期先于主债权到期的，质权人可以兑现或者提货，并与出质人协议将兑现的价款或者提取的货物提前清偿债务或者提存。”

第三，留置。留置是指债权人依法占有债务人的动产，债务人不履行到期债务时，债权人有权将其合法占有的债务人的财产扣押，再经过一段时间后债务人仍不履行债务的，债权人可以以该财产折价受偿或者以拍卖、变卖该财产的价款优先受偿的一种法定担保方式。债权人在符合上述条件时对债务人的财产进行留置的权利，就是留置权。留置权是一种法定权利，只要符合法律的规定，债权人就可以自动享有而不用与债务人进行协商。

根据法律规定，留置应当符合以下条件：其一，债权人依法占有债务人的动产。《民法典》第447条第1款规定："债务人不履行到期债务，债权人可以留置已经合法占有的债务人的动产，并有权就该动产优先受偿。"何为依法占有债务人的财产？一般认为是基于合同关系占有债务人的财产。根据我国原《担保法》第84条规定，能够成立留置权的合同关系指保管合同、运输合同、加工承揽合同三种。但是根据《民法典》的规定，债务人不履行到期债务，债权人可以留置其已经合法占有的债务人的动产，并有权就该动产优先受偿。由此可见，只要是债权人依法占有债务人的财产即可以行使留置权，不管是何种类型的合同。其二，债权人须占有债务人的动产。动产是指可以移动的财产。对于不动产的占有或者对于权利的占有均不能成立留置权。但是并不是所有依法占有的债务人的动产都可以留置。根据法律的规定，当事人可以约定不得留置的动产物，而且，如果留置的财产是可分物的，留置物的价值应相当于债务的金额。其三，债权人留置的动产与债权具有关联性。《民法典》第448条规定："债权人留置的动产，应当与债权属于同一法律关系，但是企业之间留置的除外。"其四，须债务已届履行期限而债务人未履行债务的。已届履行期限表明债务人履行债务已经陷入迟延。当事人在合同中约定有履行期限的，以该期限为准；没有约定履行期限的或者约定不确定的，则以法律规定的期限为准。

在符合法律规定的条件下，留置人的留置权成立并生效。在留置权成立后，留置权人负有妥善保管留置财产的义务，因保管不善致使留置财产毁损、灭失的，应当承担赔偿责任。在留置法律关系中，留置权人占有留置物，因此负有保管留置物的义务。对于留置物的损毁，应负民事责任，包括赔偿损失、修理等方式。但是我们应当注意，留置权人的民事责任采取的是过错责任归责原则，即因“保管不善致使留置物灭失或者损毁”的，才承担责任。

关于留置权的行使，《民法典》第453条第1款规定：“留置权人与债务人应当约定留置财产后的债务履行期限；没有约定或者约定不明确的，留置权人应当给债务人六十日以上履行债务的期限，但是鲜活易腐等不易保管的动产除外。债务人逾期未履行的，留置权人可以与债务人协议以留置财产折价，也可以就拍卖、变卖留置财产所得的价款优先受偿。”根据该规定，债权人要行使留置权，须符合以下条件：一是与债务人协商债务履行期限，此即为法律中的“约定”之意。如果能够约定即需遵守约定。二是没有约定或者约定不明确的，留置权人应当给债务人六十日以上履行债务的期限，但鲜活易腐等不易保管的动产除外。三是债务人逾期未履行的，留置权人可以与债务人协议以留置财产折价，也可以就拍卖、变卖留置财产所得的价款优先受偿。留置权人直接变价处分留置物的，如果造成债务人损害，应当承担赔偿责任。根据《民法典》的规定，如果留置权人不积极行使留置权，债务人可以请求留置权人在债务履行期限届满后行使留置权；留置权人不行使的，债务人可以请求人民法院拍卖、变卖留置财产。

在下列情况下，留置权消灭：一是主债权的消灭导致留置权消灭。留置权是从权利，必须依附于主债权才能存在。在主债权消灭后，留置权自然消灭。二是债务人另行提供担保并被留置权人接受的，留置权消灭。三是留置权人对留置财产丧失占有或者留置物灭失时，留置权也消灭。因为留置权产生、实现的条件在于留置物为债权人所占有。如果留置物因保管不当或者不可抗力事件灭失，留置权也将归于消灭。

参考文献

一、著作

1. 黄进:《社会主义核心价值观的“内省”与“外化”》，江苏人民出版社、江苏凤凰美术出版社 2015 年版。
2. 沈壮海等:《中国大学生思想政治教育发展报告 2017》，北京师范大学出版社 2018 年版。
3. 张岂之主编:《中华优秀传统文化的核心理念》，江苏人民出版社、江苏凤凰美术出版社 2016 年版。
4. 赵长芬:《社会主义核心价值观学习读本》（社会篇），新华出版社 2015 年版。
5. 张军成:《价值观的力量——大学生社会主义核心价值观教育研究》，光明日报出版社 2016 年版。
6. 袁久红主编:《社会主义核心价值观研究丛书・自由》，江苏人民出版社 2015 年版。
7. 肖贵清、周昭成、何启刚:《发展目标：富强 民主 文明 和谐》，安徽人民出版社 2013 年版。
8. 倪霞等编著:《社会主义核心价值观・关键词：富强》，中国人民大学出版社 2015 年版。
9. 赵正文:《社会主义核心价值观融入大学生思想政治教育的创新机制研究》，清华大学出版社 2018 年版。
10. 教育部思想政治工作司组编:《培育践行社会主义核心价值观高校案例》（第二辑），中国书籍出版社 2015 年版。
11. 金彭年:《社会公共利益保护法律制度研究》，浙江大学出版社 2015

年版。

12. 王利明：《法学方法论：以民法适用为视角》（第二版），中国人民大学出版社 2021 年版。
13. 王利明：《民法总则》，中国人民大学出版社 2017 年版。
14. 王利明：《民法典体系研究》（第二版），中国人民大学出版社 2012 年版。
15. 王利明：《民法总则研究》（第二版），中国人民大学出版社 2012 年版。
16. 梁慧星：《民法总则讲义》（修订版），法律出版社 2021 年版。
17. 徐国栋：《中国民法典与罗马法》，法律出版社 2021 年版。
18. 徐国栋：《民法哲学》（增订本），中国法制出版社 2015 年版。
19. 尹田：《民法典总则之理论与立法研究》，法律出版社 2010 年版。
20. 李适时主编：《中华人民共和国民法总则释义》，法律出版社 2017 年版。
21. 杨立新、李怡雯：《中国民法典新规则要点》（修订版），法律出版社 2021 年版。
22. 杨立新主编：《中华人民共和国民法总则要义与案例解读》，中国法制出版社 2017 年版。
23. 杨立新：《债与合同法》，法律出版社 2012 年版。
24. 董安生：《民事法律行为》，中国人民大学出版社 2002 年版。
25. 张荣顺主编：《中华人民共和国民法总则解读》，中国法制出版社 2017 年版。
26. 张俊浩主编：《民法学原理》（修订第三版，上册），中国政法大学出版社 2000 年版。
27. 朱庆育：《民法总论》（第二版），北京大学出版社 2016 年版。
28. 余纪元：《亚里士多德伦理学》，中国人民大学出版社 2011 年版。
29. 陈卫佐译注：《德国民法典》（第 4 版），法律出版社 2015 年版。
30. 王家福主编：《中国民法学·民法债权》，法律出版社 1991 年版。
31. 周枏：《罗马法原论》（上下册），商务印书馆 1994 年版。

32. 陈玉梅、贺银花:《契约法诚实信用原则研究》，中国社会科学出版社 2012 年版。
33. 陈吉生:《论缔约过失责任》，法律出版社 2012 年版。
34. 崔建远:《合同法总论》(上卷，第二版)，中国人民大学出版社 2011 年版。
35. 陈卫国:《合同法中的诚信和公平原则》，法律出版社 2009 年版。
36. 申卫星:《民法基本范畴研究》，法律出版社 2015 年版。
37. 张驰:《民法总则专论》，法律出版社 2021 年版。
38. 朱荣贤:《回到语境的理性》，中国社会科学出版社 2016 年版。
39. 杨代雄:《民法总论专题》，清华大学出版社 2012 年版。
40. 李锡鹤:《民法原理论稿》，法律出版社 2009 年版。
41. 钱弘道:《经济分析法学》，法律出版社 2003 年版。
42. 罗结珍译:《法国民法典》（上下册)，法律出版社 2005 年版。
43. 陈国柱译:《意大利民法典》，中国人民大学出版社 2010 年版。
44. 潘灯、马琴译:《西班牙民法典》，中国政法大学出版社 2013 年版。
45. 陈自强:《民法讲义I：契约之成立与生效》，法律出版社 2002 年版。
46. 陈自强:《民法讲义Ⅱ：契约之内容与消灭》，法律出版社 2004 年版。
47. 史尚宽:《民法总论》（精装本)，正大印书馆 1980 年版。
48. 王泽鉴:《民法学说与判例研究》（重排合订本)，北京大学出版社 2015 年版。
49. 黄茂荣:《债法各论》（第一册)，中国政法大学出版社 2004 年版。
50. 郑玉波:《民法债编各论》（上下)，三民书局 1981 年版。
51. 曾隆兴:《现代非典型契约论》，三民书局 1988 年版。
52. 曾隆兴:《现代损害赔偿法论》，泽华彩色印刷公司 1988 年版。
53. ［美］理查德·A. 波斯纳:《法律的经济分析》（上)，蒋兆康译，中国大百科全书出版社 1997 年版。
54. ［古希腊］亚里士多德:《尼各马可伦理学》，廖申白译注，商务印书馆 2017 年版。

55. ［德］康德：《纯粹理性批判》，邓晓芒译，人民出版社2004年版。
56. ［德］尼克拉斯·卢曼：《法社会学》，宾凯、赵春燕译，上海人民出版社2013年版。
57. ［德］维尔纳·弗卢梅：《法律行为论》，迟颖译，法律出版社2013年版。
58. ［法］孟德斯鸠：《论法的精神》（下册），张雁深译，商务印书馆1963年版。
59. ［日］近江幸治：《民法讲义Ⅰ：民法总则》（第6版补订），渠涛等译，北京大学出版社2015年版。
60. ［日］山本敬三：《民法讲义Ⅰ：总则》（第3版），解亘译，北京大学出版社2012年版。
61. ［古罗马］盖尤斯：《盖尤斯法学阶梯》，黄风译，中国政法大学出版社2008年版。
62. ［德］马克斯·卡泽尔、罗尔夫·克努特尔：《罗马私法》，田士永译，法律出版社2018年版。
63. ［罗马］查士丁尼：《法学总论——法学阶梯》，张企泰译，商务印书馆1989年版。
64. ［美］罗斯科·庞德：《法律与道德》，陈林林译，中国政法大学出版社2003年版。
65. ［德］迪特尔·梅迪库斯：《德国民法总论》，邵建东译，法律出版社2000年版。
66. ［德］萨维尼：《当代罗马法体系Ⅰ：法律渊源·制定法解释·法律关系》，朱虎译，中国法制出版社2010年版。
67. ［美］亚伯拉罕·马斯洛：《动机与人格》（第三版），许金声等译，中国人民大学出版社2013年版。
68. ［英］洛克：《政府论》（下篇），叶启芳、瞿菊农译，商务印书馆1964年版。
69. ［德］韦伯：《韦伯作品集Ⅸ：法律社会学》，康乐、简惠美译，广西师范大学出版社2005年版。

70. ［德］马克斯·韦伯：《经济与社会》（第二卷，上册），阎克文译，上海人民出版社 2020 年版。

二、论文

1. 朱广新："恶意串通行为无效规定的体系地位与规范构造"，载《法学》2018 年第 7 期。
2. 侯巍："民事行为能力制度与交易安全的民法保护"，载《广西政法管理干部学院学报》2007 年第 5 期。
3. 冉克平："论《民法总则》上的通谋虚伪表示"，载《烟台大学学报（哲学社会科学版）》2018 年第 4 期。
4. 韩世远："虚假表示与恶意串通问题研究"，载《法律适用》2017 年第 17 期。
5. 何宏："论民法总则视域下我国缔约过失归责机制的完善"，载《福建法学》2018 年第 3 期。
6. 张家勇："合同保护义务的体系定位"，载《环球法律评论》2012 年第 6 期。
7. 肖爽："论惩罚性赔偿在合同纠纷处理中的适用"，载《华东政法大学学报》2018 年第 4 期。
8. 高秦伟："消费者知情权保护与食品科技的规制"，载《学术研究》2018 年第 7 期。
9. 王红霞："从引人误认到引人困惑：经营者新型不当信息行为及其规制"，载《法学评论》2018 年第 4 期。
10. 翁晓斌："民事诉讼诚信原则的规则化研究"，载《清华法学》2014 年第 2 期。
11. 李永军："法律行为无效原因之规范适用"，载《华东政法大学学报》2017 年第 6 期。
12. 张强："民事行为能力制度的反思与重构"，载《法学论坛》2005 年第 5 期。
13. 刘敏："论诚实信用原则对民事诉讼当事人的适用"，载《河南社会科学》2014 年第 2 期。
14. 刘俊海："论新时代的契约精神"，载《扬州大学学报（人文社会科学版）》2018 年第 4 期。
15. 张友好："拟制自认非默示自认"，载《华东政法学院学报》2006 年第 5 期。
16. 曾品杰："中国大陆民法总则初探——兼论民事法律行为之规范"，载《法治研究》2017 年第 6 期。
17. 黄越钦："论附合契约"，载郑玉波主编：《民法债编论文选辑》（上），五南图书出版公司 1984 年版。
18. 杨立新："《民法总则》规定的隐藏行为的法律适用规则"，载《比较法研究》2017 年第 4 期。
19. 汤维建："论民事诉讼中的诚信原则"，载《法学家》2003 年第 3 期。
20. 刘荣军："诚实信用原则在民事诉讼中的适用"，载《法学研究》1998 年第 4 期。
21. 李钟声："契约法思想的趋向"，载郑玉波主编：《民法债编论文选辑》（上），五南图书出版公司 1984 年版。
22. 冉克平："民法典总则意思表示瑕疵的体系构造——兼评《民法总则》相关规定"，载《当代法学》2017 年第 5 期。
23. 曾大鹏："《民法总则》'通谋虚伪表示'第一案的法理研判"，载《法学》2018 年第 9 期。
24. 石佳友："我国《民法总则》的颁行与民法典合同编的编订——从民事法律行为制度看我国《合同法》相关规则的完善"，载《政治与法律》2017 年第 7 期。
25. 杨立新："《民法总则》规定的虚假民事法律行为的法律适用"，载《法律科学（西北政法大学学报）》2018 年第 1 期。
26. 刘春堂："一般契约条款之解释"，载郑玉波主编：《民法债编论文选辑》（上），五南图书出版公司 1984 年版。
27. 陈卫佐："《民法总则》中的民事法律行为——基于法律行为学说的比较法分析"，载《比较法研究》2017 年第 4 期。